Wolfgang Halm
Carolina Ortiz Blas

temas

Un curso de
español para avanzados

Max Hueber Verlag

| 5. | 4. | 3. | | | Die letzten Ziffern |
| 1993 | 92 | 91 | 90 | 89 | bezeichnen Zahl und Jahr des Druckes. |

Alle Drucke dieser Auflage können, da unverändert, nebeneinander benutzt werden.
2. Auflage 1985
© 1983 Max Hueber Verlag, D-8045 Ismaning
Verlagsredaktion: Elisabeth Stiefenhofer, Ismaning
Layout: Bettina Crusius, Ismaning
Umschlaggestaltung: Atelier Stark und Klingshirn, München
Druck: Allgäuer Zeitungsverlag, Kempten
Printed in the Federal Republic of Germany
ISBN 3-19-004055-9

Contenido

Introducción

Temas es un manual de español para extranjeros con conocimientos básicos del idioma. Ofrece **temas de España y de América Latina**
- actuales y del pasado,
- de la vida política, social y económica,
- de la vida diaria (familia, costumbres, trabajo, ocio, comidas, etc.).

Los textos que tratan directa o indirectamente estos temas son de diversos tipos:
- conversaciones con españoles de diferentes regiones y de diferente nivel social, (algunas de ellas sólo como ejercicio de comprensión auditiva),
- textos periodísticos que, en parte, se basan en entrevistas,
- documentos informativos como estadísticas, encuestas, etc., y
- textos literarios, en prosa y verso.

En la forma de presentar estos textos distinguimos entre
- textos de autores literarios, reproducidos íntegros o acortados, y
- otros textos, cuyo estilo auténtico conservamos, pero que hemos modificado en parte para hacerlos más asequibles al estudiante. (Las modificaciones o cambios han sido autorizados por los propios autores.)

Temas ofrece, en combinación con el correspondiente **Libro de Ejercicios**, la posibilidad de
- profundizar el *dominio del lenguaje*, tanto escrito como hablado,
- concentrarse en determinados objetivos lingüísticos según los intereses de cada uno *(oral/escrito, productivo/receptivo)*,
- familiarizarse con gran número de fenómenos de la *civilización y cultura* de los países hispanohablantes (aunque un manual de español no es un manual de civilización y cultura), y
- concentrarse, según los intereses personales, en temas de España o de América Latina.

Temas tiene una estructura general que no obliga a tratar los textos en un orden determinado o a tratarlos todos por igual. Se presta a la selección, según criterios diferentes. Esto es posible ya que se introducen y estudian las **estructuras gramaticales** más importantes repetidamente en diferentes contextos temáticos.

Un *vocabulario básico ampliado*, que recomendamos para el dominio activo por su importancia comunicativa, se encontrará en algunos textos más que en otros, de modo que se puede distinguir entre
- textos importantes para el estudio del idioma para fines comunicativos, y
- textos que son en primer término interesantes desde un punto de vista informativo o literario.

El material didáctico que ofrece **Temas** es el siguiente:

a) **Temas — Un curso para avanzados**, libro que presenta los textos.

b) **Temas — Ejercicios y gramática**
Ofrece para cada uno de los textos:
- indicaciones de importantes estructuras gramaticales y referencias a la Gramática sistemática,

5

- presentación sinóptica de expresiones idiomáticas, fraseología, etc.
- ejercicios graduados y sistemáticos de comprensión
- ejercicios de vocabulario, preferentemente sobre un *vocabulario básico ampliado*[1],
- ejercicios para la asimilación y aplicación de las estructuras gramaticales,
- ejercicios de expresión personal, tanto oral como escrita (o sea, de transferencia en un sentido estricto),
- ejercicios de comprensión auditiva

La **Gramática** resume las estructuras gramaticales que el estudiante probablemente ya dominará, ofreciendo una ampliación sistemática.

c) **Temas — Vocabulario**
El **Vocabulario** presenta, en su contexto y con traducción al idioma del estudiante, las palabras de los textos. Se indican en negrilla las palabras del vocabulario básico ampliado.

d) **Cassettes** con grabaciones de las conversaciones y entrevistas, de los ejercicios de comprensión auditiva y de algunos textos de lectura. Las grabaciones presentan una serie de variantes regionales del español hablado.

e) **Temas — Libro del profesor**

---

[1] Partimos de un conocimiento previo del español definido en el «Nivel preparatorio (Grundbaustein) del Certificado VHS» e introducimos el vocabulario del «Certificado VHS de español», que tanto en el índice alfabético de **Temas** (libro de textos) como en **Temas — Vocabulario** presentamos **en negrilla.** También se presentan en negrilla una serie de palabras que, si bien no figuran en el «Certificado», las consideramos muy importantes para el estudiante.

unidad 1

1

Vivir de un buen sueldo

Inés Fernández,
ama de casa, 35 años, 2 hijas

– Inés, tú eres un ama de casa muy organizada, ¿me podrías explicar cómo te las arre-
  glas cada mes con el dinero que tienes?
– Tengo que organizarme, ¡qué remedio!
5 Bueno, yo cuento al mes con unas 160.000
  pesetas, 140.000 que es el sueldo de mi marido, y que es lo que se podría llamar «un
  buen sueldo», y luego lo que gano yo con
  mis clases de piano, que soy profesora de
10 música y doy clases particulares en casa.
– ¿Y cuánto te dan por la hora?
– La hora suele ser a unas quinientas.
– ¿Y tu marido qué es?
– Secretario en el Tribunal Supremo.
15 – Pues entonces viviréis bien, ¿eh?
– Pues verás. El problema es el piso, que lo
  compramos, y durante 12 años tenemos
  que ir dejando de lado 40.000 pesetas al
  mes para ir pagando al Banco el préstamo
20 que nos concedió para poder comprarlo.
– 40.000 pesetas para el piso, y en comer,
  ¿qué te gastas?
– En comer comer, lo que se dice sólo comida, unas 60.000 pesetas se me van. Fácil.
25 – Para los cuatro.
– Sí, y eso que compro en el Pryca, el Pryca
  que es un supermercado enorme, y ahí
  me ahorro del 20 al 25% en todos los
  artículos. Allí compro lo básico, o sea el
30 azúcar, el arroz, las latas, las conservas,
  ¿comprendes? Y también me traigo de
  ahí todo lo de la limpieza.

– ¿Cuántas veces necesitas ir al mes?
– Pues una, y me dejo por lo menos 20.000
  pesetas. Las otras cuarenta mil las necesito 35
  para la compra diaria, la carne, pescado,
  leche, ¡qué sé yo! Cada vez que me acerco a
  la carnicería, me despido de 1000 pesetas:
  compro unos filetes, un poco de jamón,
  chorizo y cosas por el estilo, y de las mil pe- 40
  setas me devuelven cuatro perras. Eso ya
  no tiene remedio.
– ¿En qué consiste una comida vuestra corriente de la semana?
– Uy, pues con lo que comen mis hijas que 45
  están en edad de crecer y te digo que comen
  como leones, pues tengo que empezar con
  algo de peso, algo que les llene el estóma-
  go, porque si no, después me comen cuatro

filetes. O sea que empiezo con unas patatas guisadas, o unos macarrones, o algo así. Luego carne, el pescado les gusta poco, y postre, generalmente fruta. Lo de la fruta he estado contando el otro día y nos hemos comido en tres días casi tres kilos, yo no sé qué pasa . . . Y de leche, por ejemplo, cada cinco días hay cinco litros que desaparecen . . .

– Las cenas, ¿son más ligeras?
– Sí, mucho más ligeras, simplemente una sopita, alguna tortillita o jamón de York, pero las niñas se te toman además un bocadillo y un vaso de leche enorme, claro, porque con eso, es inútil, no tienen bastante.
– Bueno, piso y comida, ¿qué más gastos tienes?
– La educación de las niñas. Las niñas van a unos colegios semi-privados, o sea que no son gratuitos, y con los autobuses para ir y tal, se me van unas 20.000 pesetas al mes. Por cada niña pago 8.000 pesetas.

– Ya te van quedando sólo 40.000.
– Esas, esas se me van en gastos generales. Como vivimos a 30 kilómetros de Madrid, mi marido va en tren todos los días desde aquí hasta a su trabajo.
– ¿No le convendría más ir en coche?
– Ni hablar, con lo que cuesta la gasolina le saldría aún mucho más caro. Total, que son 15.000 pesetas al mes para ir y venir.
– Pues te va quedando poco . . .
– Pues nada, el resto, para ir de vez en cuando al cine, a algún concierto muy de tarde en tarde, es todo carísimo. Luego está la ropa, y eso que yo misma hago prácticamente todo, lo de las niñas e incluso lo mío, y luego si le añades el mantener el coche que tenemos que se está cayendo de viejo y hay que llevarlo al garaje frecuentemente, pues ya ves lo que me queda para ahorrar del «buen sueldo» de mi marido. ¡Ni una peseta! Pero salimos adelante, que es lo principal.

2

Así se gasta el presupuesto familiar (en %)

	Familia campesina	Familia urbana	Total nacional
Alimentación y bebidas [1]	52,32	42,14	44,20
Vestido y calzado	7,60	7,90	7,70
Vivienda	12,35	14,91	14,79
Gastos de casa	5,98	8,59	8,13
Sanidad	3,01	2,46	2,64
Transp. y comunicaciones	7,84	10,22	9,35
Esparcimiento y cultura	3,48	5,30	4,90
Enseñanza	1,55	2,56	2,23
Otros gastos	5,87	6,01	5,94

[1] La media europea se sitúa en torno al 30 por 100.

3

Comer en España

A la cabeza de la cocina española está, evidentemente, la vasca. A la cabeza de los comedores españoles están, evidentemente, los vascos. Nadie les niega esa primacía, que na-
5 ce con la materia prima: carnes de tierras ricas de humedad, pescado – quizá el mejor del mundo – del Cantábrico . . . Los chistes sobre los vascos suelen ser o sobre su desconfianza o sobre su apetito gigantesco. El más
10 conocido, probablemente, es el del bilbaíno al que presentaron una serie de posibilidades gastronómicas, preguntándole la cantidad que sería capaz de comerse. El vasco con-

testó que podría con una ternerita, un par de corderos, tres docenas de pollos . . .
15 – ¿Y pajaritos?
– ¿Pajaritos? – el hombre miró a su alrededor y dijo: – ¿Pajaritos? ¡Todos!
Los catalanes, hombres de familia que gustan poco de salir a cenar fuera, tienen también su
20 «saque», como dicen en Madrid, y sus judías y arroces son sólo prólogo de pescado y chuletas con guarnición de patata o verduras . . .
No se quedan atrás los asturianos, con su pla-
25 to a base de habas y cerdo, la famosa «fabada».
También el andaluz come, pero de pie, para «apoyar» las copas de vino . . . La variedad de las «tapas» españolas, especialmente an-
30 daluzas, es increíble y, a la larga, la suma de esos calamares, de los huevos cocidos, de las

sardinas, de las cazoletitas de eso y de lo otro, sería una comida normal para muchos países europeos y americanos. Pero en Andalucía no la llaman comida . . . La buena mano de la cocinera andaluza está especialmente en el frito de pescados, y en la preparación de un plato que, con la paella, ha cruzado todas las fronteras del mundo. Me refiero al gazpacho, con el que misteriosamente, y hace cientos de años, alguien descubrió ya las vitaminas en frutas y legumbres. Descubrió también que con temperaturas de 40 grados a la sombra, el campesino no podía aguantar una comida caliente y que necesitaba algo que sirviera al mismo tiempo de bebida y de alimento.

Aparte del gazpacho, que es un plato regional, aunque al llegar el verano se convierta en nacional y aun universal, los platos que aparecen más en las mesas españolas son el cocido y la paella. Su éxito se debe a que sus ingredientes básicos, arroz, patata, garbanzo, se encuentran fácil y baratamente en toda la península . . .

Fernando Díaz-Plaja, «El español y los siete pecados capitales»

El bar español es un lugar donde se bebe, se charla, se toman tapas . . .

4

Pote gallego

judías blancas, una taza

carne de vaca, un

  cuarto de kilo

jamón, 150 gramos

tocino, 100 gramos

repollo, medio kilo

manteca, dos cucharadas

patatas, una gorda

chorizo

Se cuecen por separado las judías

 y el repollo.

También aparte se cuece la carne,

 el jamón y el chorizo.

Cuando está todo en su punto, se

junta. Y con el caldo se hace una

buena sopa con pan tostado.

unidad 2

5
El 12 de octubre de 1492

Nunca el comienzo de un nuevo día pudo tener tal poder de emoción sobre un puñado de seres humanos. Las primeras luces fueron pintando el perfil de la costa, algunas palme-
5 ras, figuras humanas semidesnudas y grandes aves marinas en bandadas.
Habían hallado tierra. No estaban perdidos. Todo era posible ahora que habían renacido del mar. Formulaban las primeras compara-
10 ciones. La luz, el paisaje, las plantas, los pájaros, nuevos y sin nombre, les recordaban, por vagos y caprichosos parecidos, el remoto mundo de la aldea nativa. Los pájaros can-

Isabel la Católica, reina de Castilla

taban como ruiseñores de Castilla, dirá Colón.
15

No era el descubrimiento de una tierra por hombres de otra tierra. Era mucho más y por eso fue difícil interpretarlo y comprenderlo. No era que España había descubierto Améri-
20 ca, como todavía dicen los manuales de la peor historia. No había todavía España y mucho menos había América. Hubo el encuentro de dos mundos que estaban en dos momentos de humanidad y de destino que no
25 coincidían. Los hombres que venían en las carabelas podían identificarse por algunas pocas cosas fundamentales. Eran cristianos y venían en nombre de la reina de Castilla, su patrona. No estaba todavía completa la
30 geografía de Castilla y mucho menos la de España. Venían allí gentes de los varios reinos. Había castellanos de la Castilla Vieja y de la más Nueva. Gentes de la frontera con el moro. Gentes del contacto de las tres religio-
35 nes de judíos, moros y cristianos. Había gentes del Cantábrico, y gallegos, andaluces, vizcaínos y gentes de los viejos reinos de León y de Aragón. Y el gran genovés que había imaginado la increíble aventura.
40 Tampoco había esto que ahora llamamos América. Había apenas una de las Américas posibles. La del indígena en el aislamiento universal. Naciones de una misma raza dispersas en una inmensa isla interoceánica que
45 se extendía de polo a polo.
Tanto los que llegaron como los que los recibieron, por las buenas o por las malas, empezaron de inmediato a ser otras gentes. No se pudo transplantar la España que se estaba haciendo en el siglo XVI, y tampoco pudo
50 continuar la civilización aborigen. Nació otra cosa distinta que fue en realidad el Nuevo Mundo.

Arturo Uslar Pietri, venezolano, «La otra América»

6

Incas, aztecas y mayas

Cuando los españoles irrumpieron en América, estaba en su apogeo el imperio teocrático de los incas, que extendía su poder sobre lo que hoy llamamos Perú, Bolivia y Ecuador,
5 comprendía parte de Colombia y de Chile y llegaba hasta el norte argentino y la selva brasileña; la confederación de los aztecas había alcanzado un alto nivel de eficacia en el valle de México, y en Yucatán y Centroamérica la
10 civilización espléndida de los mayas persistía en los pueblos herederos, organizados para el trabajo y la guerra.
Estas sociedades han dejado numerosos testimonios de su grandeza, a pesar de todo el
15 largo tiempo de la devastación: monumentos religiosos levantados con mayor sabiduría que las pirámides egipcias, eficaces creaciones técnicas para la lucha contra la naturaleza, objetos de arte que demuestran un gran
20 talento. En el museo de Lima pueden verse centenares de cráneos que fueron objeto de trepanaciones y curaciones con placas de oro y plata por parte de los cirujanos incas. Los mayas habían sido grandes astrónomos,
25 habían medido el tiempo y el espacio con precisión sorprendente, y habían descubierto el valor de la cifra cero antes que ningún otro pueblo en la historia.

Eduardo Galeano, uruguayo, «Las venas abiertas de América Latina»

Dos escenas tomadas del Códice de Tudela.

7
El castellano de España
y el castellano de América

I.

No hay ni un solo rasgo importante del español de América que no tenga su origen en España, que no sea una prolongación de tendencias del español peninsular. El estudio de las hablas peninsulares revela a cada paso que muchos de los argentinismos o mejicanismos que parecen más típicos, son viejas palabras o provincialismos españoles. El castellano general de América es una prolongación del que se hablaba en España en el siglo XVI – fundamentalmente el de Castilla y Andalucía, no tan diferenciadas entonces como hoy – y que tuvo su primera etapa de aclimatación, o de nivelación, en las Antillas, desde donde partió en gran parte la conquista y colonización del continente. Ya desde el siglo XVI conserva hasta hoy un rasgo unificador: el seseo (con la misma **s** se pronuncia si, ciencia, corazón).

En cuatro siglos y medio de vida, el español hispanoamericano tiene una portentosa unidad, mayor que la que hay desde el norte al sur de la Península Ibérica. Esta unidad está dada, mucho más que por los rasgos peculiares del español americano (seseo, pérdida de la persona *vosotros,* loísmo, etc.) por lo que el habla de Hispanoamérica tiene de común con el castellano general: la unidad (unidad, no identidad) del sistema fonemático, morfológico y sintáctico. Y aún el fondo constitutivo del léxico: las designaciones de parentesco, los nombres de las partes del cuerpo o de los animales y objetos más comunes, las fórmulas de la vida social, los numerales, etc. Al pan lo seguimos llamando pan, y al vino, vino. Por encima de este fondo común las divergencias son sólo pequeñas ondas en la superficie de un océano inmenso.

II.

Ha dicho Bernard Shaw que Inglaterra y los Estados Unidos están separados por la lengua común. Yo no sé si puede afirmarse lo mismo de España e Hispanoamérica. Pero de todos modos es evidente que el uso de la lengua común no está exento de conflictos, equívocos y hasta incomprensión, no sólo entre España e Hispanoamérica, sino aun entre los mismos países hispanoamericanos . . .

Un español, que ha pasado muchos años en los Estados Unidos lidiando infructuosamente con el inglés, decide irse a Méjico, porque allí se habla español, que es, como todo el mundo sabe, lo cómodo y lo natural. En seguida se lleva sus sorpresas. En el desayuno le ofrecen *bolillos.* ¿Será una especialidad mejicana? Son humildes panecillos, que no hay que confundir con las *teleras,* y aun debe uno saber que en Guadalajara los llaman *virotes* y en Veracruz *cojinillos.* Al salir a la calle tiene que decidir si toma un *camión* (el *camión* es el ómnibus, la *guagua* de Puerto Rico y Cuba), o si llama a un *ruletero* (es el taxista, que en verdad suele dar más vueltas que una ruleta). A no ser que le ofrezcan amistosamente un *aventoncito* (un empujoncito), que es una manera cordial de acercarlo al punto de destino (una *colita* en Venezuela, un *pon* en Puerto Rico). Si quiere limpiarse los zapatos debe recurrir a un *bolero*, que se los va a *bolear* en un santiamén. Pasea por la ciudad, y le llaman la atención letreros diversos: «Se renta» por todas partes (le recuerda el inglés *to rent*, y comprende que son locales o casas que se alquilan); «Ricas *botanas* todos los días» (lo que en España llaman *tapas*, en la Argentina *ingredientes* y en Venezuela *pasapalos*). Y un cartel muy enigmático: «Prohibido a los *materialistas* estacionar en lo absoluto» (los *materialistas,* a los que se prohibe de manera tan absoluta estacionar allí, son en este caso los camiones, o sus conductores, que acarrean *materiales* de construcción). Le dice al chófer que lo lleve al hotel, y le sorprende la respuesta:

– Luego, señor.
– ¡Cómo luego: Ahora mismo!
– Sí, luego, luego.

Le han ponderado la exquisita cortesía mejicana, y tiene ocasión de comprobarlo:
– ¿Le gusta la paella?

– ¡Claro que sí! La duda ofende.
– Pos si no tiene inconveniente, comemos una en la casa de usted.

No podía tener inconveniente, pero le sorprendía que los demás se convidaran tan sueltos de cuerpo. Encargó en su hotel una soberbia paella, y se sentó a esperar. Pero en vano, porque los amigos también lo esperaban a él, *en la casa de usted,* que era la de ellos.

La gente lo despedía: «Nos estamos viendo», lo cual le parecía una afirmación obvia, pero querían decirle: «Nos volveremos a ver.» Los amigos le dieron una comida de despedida, y sentaron a su lado, como homenaje, a la más agraciada de las jóvenes. Quiso hacerse simpático y le dijo, con sana intención:
– Señorita, usted tiene cara de vasca.
¡Mejor se hubiera callado! Ella se puso de pie y se marchó ofendida. La *basca* es el vómito, y *tener cara de basca* es lo peor que le puede suceder a una mujer, y hasta a un hombre . . .

Angel Rosenblat, argentino, «El castellano de España y el castellano de América»

8

El náhuatl

Popocatépetl e Ixtaccíhuatl son nombres de origen náhuatl, la lengua de los indios aztecas. La influencia de esta lengua en el español (y otros idiomas)
aparece en nombres que se refieren a productos, plantas y animales desconocidos por los españoles antes de su llegada al Nuevo Mundo.

náhuatl	español
xocóatl	chocolate
tómatl	tomate
chictli	chicle
ahúscatl	aguacate

La x, en náhuatl, se pronuncia como una *sh* en inglés.

9
La nueva literatura americana

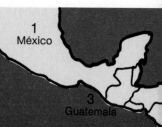
1
México

3
Guatemala

1 Juan Rulfo

3 Miguel Ángel Asturias

4 Gabriel García Márquez

1 Carlos Fuentes

5 Mario Vargas Llosa

6 Jorge Luis Borges

2
Cuba

4
Colombia

5
Perú

6
Argentina

7
Uruguay

Alejo Carpentier

Jual Carlos Onetti

6. Julio Cortázar

6. Ernesto Sábato

Erase una vez una literatura a la que sus lectores le exigían que hablara de las miserias del indio, la soledad del gaucho, la crueldad de los dictadores, el murmullo de la selva y de
5 los ríos.

Un día difícil de precisar — hacia los años 30 ó 40 —, Borges, Asturias, Carpentier, al tiempo que meditan sobre las llanuras argentinas, las dictaduras centroamericanas o la
10 magia antillana, comienzan a enseñarle al hombre de Nuestra América un nuevo camino literario.

Onetti, Sábato y Cortázar — no por casualidad rioplatenses —, demuestran luego la universalidad de su cultura. Rulfo, Fuentes y
15 García Márquez profundizan más tarde en las raíces propias, el mito, la historia, la problemática política más inmediata. El camino está ya abierto para que los más jóvenes — Vargas Llosa y Sarduy, entre otros — den el
20 golpe definitivo. El hombre americano está ya unido a su destino universal, sin olvidar su identidad nacional.

Joaquín Roy, «Narrativa y crítica de Nuestra América»

unidad 3

10 📼

Periódicos de España

Francisco Marín

– Paco, tú trabajas en *El País*, ¿verdad?
– Sí, estoy como responsable de sistemas, o sea de organización, de producción, etc.
5 – Entonces tú estás enterado de cuántos ejemplares venden *El País* y los demás periódicos más importantes.
– Sí, mira, bastante bien. Este año *El País*, 235.000. Es el que más vende. Le siguen *La Vanguardia* con unos 185.000, *ABC* 10 que está en los 135.000 ejemplares, tirando para arriba, después el *Ya* que tiene unos 110.000, luego el *Diario de Barcelona* con unos 95.000, y en sexto lugar, el *Diario 16*.
– Y en general, ¿tú podrías decirme qué 15 orientación ideológica tienen estos diarios?
– Yo diría que *El País* es independiente, podría ser liberal de izquierda. *La Vanguardia,* conservador, periódico de la burguesía catalana. Después está el *ABC,* que es 20 monárquico y conservador. El *Ya* pertene-

ce a la Editorial Católica y sigue las directrices de la Iglesia, y el periódico *Diario 16* está sacando una mezcla entre el periódico llamado de boulevard, que intenta atraer a 25 la masa que le gusta el sensacionalismo, y al mismo tiempo quiere ser algo serio . . .
– Y por ejemplo, en *El País*, que es lo que tú mejor conoces, ¿cuánta gente trabaja?
– Tiene 350 ó 360 empleados. 30
– Entre gente de . . .
– En total. La relación sería una tercera parte en los talleres, otra en la parte administrativa y comercial, y el resto en la redacción. 35
– ¿Es el periódico que tiene más empleados?
– No, al revés, el que tiene menos, aunque venda más. En ABC trabajan unas 2.000 ó 2.500 personas, en *La Vanguardia* unas 800. 40
– ¿Y a qué se debe esto?
– Bueno, *El País* salió en 1976, y claro, había ya unas técnicas que no exigían tanto personal. Los otros salieron hace 50 ó 100 años incluso, es natural que tengan otras 45 técnicas más pasadas de moda.
– ¿Dónde se lee más *El País*?
– Se vende la mitad en Madrid y la otra mitad en provincias. Es el que tiene más importancia fuera de Madrid, los demás 50 que te he mencionado, la importancia que tienen fuera de Madrid es mínima. En provincias se leen más bien los diarios locales.
– ¿Y quién dirige *El País*?
– El presidente y fundador es el hijo de Or- 55 tega y Gasset y el director es Juan Luis Cebrián, y luego hay un «team» de periodistas que dirigen las diferentes secciones del periódico: opinión, información nacional, cultura y espectáculos, economía y traba- 60 jo, etc. Cada jefe de sección trabaja con bastante independencia, pero claro, todos tienen más o menos la misma ideología.

La publicidad, un factor económico muy importante

Haga pedazos su mayor capricho.

Con su tarjeta Visa del Banco de Bilbao usted puede hacer pedazos sus facturas. Es decir, dividir en muchos meses los gastos de un solo día. Así, sin más. Para conseguir un capricho pagándolo a su capricho. Llevar el coche al taller sin averiar el presupuesto. O dividir en varios meses sus impuestos de todo el año.

2.000 al mes

BANCO DE BILBAO
VISA

Su tarjeta de siempre.

LA CORDIALIDAD TAMBIEN ES UN SERVICIO DE RENFE.

RENFE
Campaña de la Cordialidad.

Sin oxígeno no hay vida. Ni siquiera en tu piel.

Emulsión de oxígeno

Karin Herzog

Larga vida para tu piel.

Tranquilo, Felipe, tranquilo.

La alternativa para relajarse y poder dormir tranquilo se llama Relaxul. Infusiones de La Leonesa, para tomar cuando los nervios te den guerra.
Relaxul es cosa sana: plantas medicinales sin nada de química.

Venta exclusiva en farmacias

Un producto natural para poder dormir tranquilo, Felipe, tranquilo.

RELAXUL

Para vivir y dormir tranquilo, hombre, tranquilo.

11

Corazones de papel

Las revistas del corazón son las de mayor difusión en España. Las revistas *Hola, Lecturas* y *Diez minutos,* con tiradas semanales de 600.000 ejemplares, están por encima de
5 los diarios de mayor difusión, junto a publicaciones de igual contenido, pero en tiradas inferiores, como *Semana, Garbo* y *Pronto.*
La mujer aparece como principal consumidor y objeto básico de las informaciones. Los
10 temas de cotilleo son más importantes que todos los demás aspectos de interés femenino. Según un estudio del Ministerio de Cultura, aproximadamente el 50% de la información dedicada a la mujer está relacionada con las vidas y aventuras de parejas famosas y 15 del mundo del espectáculo, siguiendo en importancia la moda, la belleza, los viajes, etc. Y menos del 2%, temas culturales y políticos.

¿Por qué se vende tanto este tipo de publica- 20 ciones?

Julio Bou, director de la revista *Lecturas:* «Fundamentalmente creo que los 40 últimos años de vida española, con sus limitaciones informativas, crearon unos gustos en el lector 25 masivo que ahora permanecen.»

«Lo que se vende es el cotilleo, porque la gente está sedienta de saber de los demás», afirma Antonio Cuenca, fotógrafo de *Diez minutos.* 30

«Vende tanto una boda como un divorcio» asegura Santy Arriazu, redactor de *Hola.*

«Las revistas del corazón — afirma Luis Garrido, profesor de sociología de la universidad de Madrid — permiten el sano ejercicio 35 de la murmuración sin ninguna de sus malas consecuencias.»

«Cambio 16»

12 ▢▢

La publicidad atacada

Manuel Eléxpuru, presidente de la multinacional publicitaria W.T., este vasco de 50 años de edad y de 25 en la profesión, se atreve a defender algo tan criticado como es la publi-
5 *cidad en televisión.*

– Tengo una colección de 200 sobres de cartas que he recibido con mi apellido escrito incorrectamente. A mí me hace gracia, porque demuestra que la gente tiene mucha imaginación. Mi apellido tampoco es 10 tan difícil . . .

– Lo es. Lo que pasa es que Vd. tiene bastante sentido del humor . . . para ser vasco.

– Hombre, ¿no ves? Siempre estáis metiéndonos el dedo en el ojo a los vascos, oye. 15

– Para dedicarse a la publicidad también hay que tener altas dosis de humor.

– Esa es otra, cómo os metéis con la publicidad los periodistas en particular, y mucha gente en general. ¿Por qué? Por supuesto 20 que yo defiendo a la publicidad, pero más que defenderla, lo que hago es atacar lo estúpidamente que la publicidad es conti-

nuamente atacada. Con respecto a la publicidad del tabaco, por ejemplo. A mí me
gustaría preguntar a los señores Felipe
González o Santiago Carrillo y otros que
qué influye más en que sus hijos y los hijos
de sus seguidores fumen o no fumen, si los
anuncios que salen en la «tele» o el verlos a
ellos fumando como carreteros.

– ¿Y la publicidad dirigida a los niños?
– Bueno, éste sí que es un tema gravísimo.
La publicidad de ciertos productos de lujo
que se anuncian en televisión producen
problemas en las familias. Se cometen
errores, indudablemente.
– Claro, los niños no pueden defenderse contra el bombardeo de la publicidad que les
crea deseos.
– Bastante peor que eso, si el niño tiene ata-
ques, no es tanto el problema que la publicidad le crea al propio niño, sino el problema que el niño crea a los padres . . .

– Se ha dicho muchas veces que lo mejor de
la televisión española son los anuncios.
– Pues yo no diría que no. Efectivamente, en
un «spot» se ponen en juego millones de
pesetas y enorme cantidad de talento. Porque es fantástico retener en el sillón al
telespectador en la mitad de una película.
– Ultimamente se usa mucho el humor en los
«spot».
– Sí, es cierto, porque al ser un elemento
nuevo resulta atractivo.
– Y los anuncios de electrodomésticos, jabo-
nes, detergentes y comida, ¿seguirán diri-
gidos a las amas de casa para hacerles la vida más agradable a los maridos y a las
familias . . .?
– Por supuesto, y esto tardará en cambiar . . .

Entrevista de Carmen Rico-Godoy para
«Cambio 16»

13

Sicología de la publicidad

Según un libro sobre sicología de la publicidad, «la persona a quien se dirige la publicidad no debe comprar una mercancía porque la publicidad le agradó o le insistió, sino por-
5 que ella la considere buena, barata, y objetivamente conveniente. Debe conseguirse que ella haga libremente lo que nosotros queremos que haga.»
Hay «recetas» y listas de motivos en las cua-
10 les se puede encontrar siempre uno adecuado para vender a cualquiera cualquier producto. Por orden de importancia, son éstos:

1 dinero y mejor empleo
2 seguridad para la vejez
3 popularidad 15
4 admiración de los demás
5 más comodidades y confort
6 posición y éxito en la sociedad
7 mejorar el aspecto personal
8 prestigio personal 20
9 mejor salud
10 divertirse más

El consumidor típico que ofrece la publicidad española, en televisión, parece ser un hombre «muy hombre» (o una mujer «muy mujer»), muy «vivo» y «agresivo», cuya máxima 25 preocupación es estar sano, en un ambiente de coches deportivos, bailes de juventud y bebés en brazos de sus mamás . . .

Publicidad y Sociedad de Consumo en España, en «Cuadernos para el Diálogo»

14

Espectador de fútbol

El reconocimiento médico del típico espectador de fútbol daría, probablemente, un diagnóstico parecido a éste. Gran resistencia física al frío, al calor, y sobre todo al duro banco
5 que durante muchos años ha sido el único asiento de los aficionados que no estaban en pie. Corazón: fabuloso, porque los dos o tres muertos por infarto que se dan en los estadios españoles en una temporada no
10 son nada ante las esperanzas y los dolores que tiene que soportar el corazón durante hora y media cada quince días. Brazos: fuertes por la continua gimnasia de elevarlos al cielo cuando se mete un gol o en la ira bíblica
15 ante la injusticia que se acaba de hacer a su equipo. En general, buena garganta, capaz de elevarse en el ¡ay!, en el ¡bravo! o ¡muy bien! o el ¡gool! con que el público confirma un hecho indiscutible ocurrido allí a la vista
20 de todos. Y sin embargo, esa vista es precisamente el punto en que los especialistas médicos no darían un certificado de salud tan positivo: en el caso de un «fan», las dioptrías varían según la jugada que está viendo . . . En cuanto a lo intelectual, un médico primerizo 25 diagnosticaría en el espectador de fútbol una inteligencia privilegiada. Hay que ver con qué seguridad se pasa el partido explicando a los jugadores cómo deben llevar la pelota, a quién deben pasar y cuándo es su deber enviar el balón a las mallas. Pero, en general, la unión, el entendimiento del espectador con el futbolista es algo enternecedor. La natural envidia del español hacia quien destaca mientras él permanece inactivo, apenas funciona aquí: puede chillar, no se siente fuera del espectáculo, al contrario, forma parte de él. Cuando Juanito corre, salta, cabecea, cada uno de los don juanes gordos del graderío son él mismo. El gol que marca Juanito, lo marca en realidad cada uno de los espectadores. De aquí que sean tantos los que acuden al campo a sentir el goce dionisíaco, casi sexual, de romper la monotonía cotidiana de la oficina y del hogar y sentirse semidioses. . . . Aunque sea por delegación.

Fernando Díaz Plaja, en «El País»

unidad 4

15
Por México

Increíble, pero cierto. El autobús en que viajamos perdió su ruta bajo la torrencial lluvia y hemos estado tres horas dando vueltas por un México convertido en laberinto. El caso,
5 nos dicen, es corriente. Por fin llegamos a Coyoacán, uno de los barrios residenciales de México, en donde nos recibe el gran periodista Alfonso Benítez. Sus libros sobre los indios son de autoridad mundial. Para él, las
10 palabras de Alejandro Humboldt en el siglo XVIII son de total actualidad: «México es el país de la desigualdad. Acaso en ninguna parte la hay más espantosa en la distribución de fortunas, civilización, cultivo de la tierra y

población.» Las palabras de Benítez resue- 15 nan en la grande y clara biblioteca llena de objetos de arte indígena: «El 10% de la población posee aquí el 50% de las riquezas.» Añade: «Se ha sacrificado el campo y a toda una población de campesinos por una indus- 20 tria de transformación que no produce nada básico y que no satisface ninguna necesidad. Lo único que se ha conseguido es crear este monstruo de ciudad que en 1940 tenía millón y medio de habitantes y hoy cuenta con más 25 de catorce millones.»
¿La desigualdad en México? Cita documentos: «En el siglo XVIII el hombre más rico de Perú tenía una renta anual de 5.000 pesos. En

México:
▼ *Abajo, un hotel de lujo en Puerto Vallarta.*
▶ *A la derecha, la casa de un campesino.*

Venezuela era de 10.000. En Cuba, con esclavos negros y grandes posesiones de caña, la renta alcanzaba los 25.000. Pero en México era de 200.000. Y la proporción continúa. Hay fortunas incalculables aquí. Hijas de los tiempos coloniales todavía.»

Nuestro guía, un personaje singular con grandes bigotes a lo Pancho Villa, nos lleva, pasando por Cuernavaca, lugar preferido para residencias secundarias de los mexicanos ricos, a Taxco, en plena Sierra Madre. El viaje incluye algunas curiosidades gastronómicas: la degustación de huevos de hormiga gigante, y el plato de iguana, con fuertísima salsa de chile o al ajillo. Por el camino, familias indias cazadoras del arqueológico animal nos lo enseñan antes de venderlo a las cantinas donde lo preparan. Arturo, el guía, nos va contando que estuvo casado con una misionera protestante norteamericana que le dio seis hijos. El matrimonio recogió a otros seis más, bebés indios abandonados por sus madres. Luego, hace dos años, la misionera murió. Hace seis meses guió a un grupo de señoras suizas y «una de esas damas y yo nos enamoramos». El idilio, que fue muy para adelante, se hizo, hasta allí en donde no había indiscreción, por medio de una intérprete. Ahora Arturo se dispone a ir a Berna a pedir la mano de la dama . . . «Le echa usted muchas narices a la vida, Arturo», se nos escapa con admiración. «Se da lo que se tiene», sentencia Arturo . . .

Xavier Domingo, *México, laberinto de solidaridades*, reportaje para «Cambio 16»

16

Dos jóvenes mexicanos

Conocí a Félix Maldonado hace unos quince años, cuando los dos realizábamos estudios de post-grado en la Universidad de Columbia, en Nueva York. A pesar de ser compañeros de generación, no nos tratamos en la Escuela de Economía de la Universidad de México. Nuestra mal llamada «máxima casa de estudios» no favorece ni los estudios ni la amistad. Además, las diferencias sociales alejan a los alumnos ricos de los pobres. Yo llegaba en automóvil propio a la Ciudad Universitaria; Félix, en camión. Ni los ricos como yo deseábamos fraternizar con los pobres como Félix, ni ellos con nosotros. Se crean demasiados problemas, lo sabíamos bien. Ellos se sentían avergonzados de invitarnos a sus casas, nosotros incómodos de su incomodidad en las nuestras. Nosotros pasábamos los fines de semana en las casas privadas de Acapulco; ellos, con suerte, llegaban al Balneario de Agua Hedionda, en Puebla. Nuestros bailes eran en el Jockey Club; los de ellos, en el Salón Claro de Luna.

Había también el problema de las muchachas. No deseábamos que nuestras hermanas o primas se enamoraran de ellos; ellos, aunque en eso no los secundaran los padres, tampoco querían que las suyas les fueran birladas por los juniors millonarios como yo.

La distancia, espontáneamente, derrumbó las barreras. Mis privilegios nacionales no impresionaban a nadie en Nueva York y en cambio Félix los aceptaba de manera natural sin estimar que por ello dos jóvenes mexicanos en los Estados Unidos debían cultivar rencores sociales, sino aliarse amistosamente para compartir bromas, recuerdos y lengua.

C. Fuentes, mexicano, «La cabeza de la hidra»

17

La conquista de México

Esta conquista se origina con la salida de la expedición de Cortés del Cabo de San Antonio, en el extremo occidental de la isla de Cuba, el 18 de febrero de 1519. La expedición que se embarca en 1519 puede considerarse como una tripulación de élite, formada en gran parte por los supervivientes de expediciones anteriores. Entre los veteranos se encuentra también Bernal Díaz del Castillo, que será uno de los grandes cronistas de la conquista. A la cabeza de la expedición, Velázquez pone a Hernán Cortés, un extremeño de Medellín, de treinta y cuatro años, que había participado en la conquista de Santo Domingo y Cuba.

La expedición se dirige hacia Yucatán, donde Cortés quiere procurarse algunos intérpretes. Los españoles son obsequiados con veinte mujeres, una de ellas prisionera de los mayas, que había sido vendida como esclava: Tenepal, que se convierte en doña María o Marina, Malintzin, la «Malinche», veinte años y una inteligencia excepcional. Va a ser la amante de Cortés, de quien se enamora apasionadamente, y en pocos meses entiende y aprende a hablar casi perfectamente el castellano. Este episodio es de capital importancia porque la joven instruirá a Cortés en los mitos y creencias de los aztecas, en la potencia y debilidad de este pueblo.

En abril, la expedición se encuentra en la costa de Vera Cruz. Cortés funda una nueva ciudad: a partir de entonces actúa como mandatario de una nueva colonia que ya no tiene que rendirle cuentas al gobernador de Cuba. Mientras tanto, se produce un levantamiento entre la tropa que quiere regresar a Cuba. El levantamiento es reprimido y los navíos son desmontados (y no quemados, pueden volver a utilizarse). Cortés deja una pequeña guarnición en Vera Cruz y, con unos 400 hombres, toma la dirección de las montañas: es el 16 de agosto de 1519.

Las noticias van llegando a Tenochtitlán y siembran el pánico al ir acompañadas del carácter fantástico, probablemente divino, de los invasores. Este pánico hace que los aztecas dejen llegar a Cortés hasta Tlaxcala. La gran ciudad de Tlaxcala, que detesta a los aztecas, se alía con Cortés. Como los informadores refieren a Moctezuma atemorizadas descripciones a propósito del aparato de guerra de los españoles, el emperador, aconsejado por sus adivinos, está decidido a no oponer resistencia . . .

Cortés y sus hombres, el 9 de noviembre, jugándose el todo por el todo, emprenden la travesía de la gran calzada del dique sur, de siete a ocho metros de anchura, que a través de la laguna desemboca en la capital. Cortés está deslumbrado, pero a la vez experimenta una especie de angustia, que procede sin du-

da de la impresión de verse sumergido en una verdadera marea humana: quizá millón y medio de habitantes agrupados en torno a la laguna. Así, el día 14, con un pretexto, se hace con una garantía, el mismo Moctezuma en persona. En realidad es un rehén: Cortés trata al azteca con cortesía, pero a la vez se las ingenia para hacerle hablar con doña Marina, informándose así de la organización administrativa del Imperio, de sus aliados . . . A su paso alarga la mano a algunos tesoros y recoge el máximo de información sobre el imperio.

Pero en estas circunstancias Cortés se entera de la llegada de Narváez al mando de una columna, que sólo puede proceder de Cuba enviada por Velázquez para hacerle entrar en razón. Si los aztecas comprenden que existe un desacuerdo entre los españoles, se corre un grave peligro. Cortés deja parte de sus hombres en México a las órdenes de Pedro de Alvarado y se dirige hacia la costa y tras un breve combate consigue enrolar a casi toda la tropa. Es un éxito nada despreciable, pues ha conseguido así convertir en refuerzos al enemigo. Pero mientras tanto la situación en la capital ha degenerado. Aislados entre cientos de aztecas, los 150 españoles son presa de pánico. Con motivo de la gran fiesta del toxcatl, asesinan a traición a la élite de la nobleza azteca, espantoso masacre con arma blanca. Así, cuando Cortés llega a México, el 24 de junio, la situación es insostenible. La actitud de la población es ahora amenazadora. Moctezuma, que ha hecho todo lo posible por evitar el enfrentamiento, aparece muerto en circunstancias oscuras, pues las informaciones son contradictorias.

Cortés decide escapar cuando aún está a tiempo: la pequeña tropa fuerza el paso por el dique oeste, perdiendo la mitad de sus hombres, en la famosa *noche triste*. En Méxi-

co se cree que los españoles se han ido para siempre y se rehabilitan los templos al mismo tiempo que se envía un ejército a la zaga de Cortés. Cortés reorganiza sus fuerzas y detiene con dureza al ejército azteca el 7 de julio, en Otumba. Establece un cerco alrededor de México, y cuando se lanza al ataque el 26 de mayo de 1521, sus fuerzas son mucho más impresionantes que a su primera llegada. No obstante, la resistencia de los defensores de Tenochtitlán es encarnizada, lo que va a provocar la destrucción de la maravillosa ciudad, ya que la ocupación de la ciudad se hará calle por calle y casa por casa. El 13 de agosto de 1521 se conquista finalmente la ciudad y muchos de los jefes militares son capturados y ejecutados. La guerra, en el sentido más duro de la palabra, ha terminado.

Bartolomé Bennassar, «La América española y la América portuguesa»

18

EL MURALISMO MEXICANO

Diego Rivera es, junto a José Clemente Orozco y David Alfaro Siqueiros, el creador del movimiento artístico llamado «Muralismo mexicano». Rivera cree que su tarea de artista tiene un compromiso nacional y popular, y quiere explicar en lenguaje plástico al pueblo mexicano de dónde viene y adónde va y qué significa la Revolución mexicana. El muralismo tiene una relación consciente con el arte y la cultura precolombinos.

Una de las obras más conocidas de Diego Rivera. El pintor la creó para el Hotel Prado en el año 1947.

19

La maldición de Malinche

Tenochtitlan.

Del mar, los vieron llegar
mis hermanos emplumados
eran los hombres barbados,
de la profecía esperada.

Se oyó la voz del monarca
de que el Dios había llegado,
y les abrimos la puerta
por temor a lo ignorado.

Iban montados en bestias,
como demonios del mal
iban con fuego en las manos
y cubiertos de metal.

Sólo el valor de unos cuantos
les opuso resistencia,
y al mirar correr la sangre
¡se llenaron de vergüenza! . . .

Porque, los Dioses ni comen . . .
ni gozan con lo robado
y cuando nos dimos cuenta
ya todo estaba acabado.

Y en ese error entregamos
la grandeza del pasado,
y en ese error nos quedamos
trescientos años esclavos . . .

Se nos quedó el maleficio
de brindar al extranjero
nuestra fe, nuestra cultura,
nuestro pan, nuestro dinero.

Y les seguimos cambiando
oro, por cuentas de vidrio
y damos nuestras riquezas
por sus espejos con brillo.

Hoy, en pleno siglo veinte
nos siguen llegando rubios
y les abrimos la casa
y los llamamos amigos.

Pero, si llega cansado
un indio de andar la sierra,
lo humillamos y lo vemos
como extraño por su tierra.

Tú, hipócrita que te muestras
humilde ante el extranjero,
pero te vuelves soberbio
con tus hermanos del pueblo.

Oh, ¡maldición de Malinche!,
enfermedad del presente,
¿cuándo dejarás mi tierra?
¡cuándo harás libre a mi gente!

Letra y música de Gabino Palomares

unidad 5

20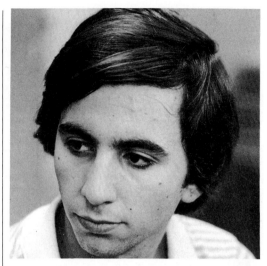

Un chico
de la clase media

– Germán, ¿qué estás estudiando?
– Derecho, primer curso.
– ¿Vives con tus padres todavía?
– Sí, y creo que seguiré viviendo con ellos
5   por lo menos hasta que tenga independencia económica.
– Los chicos de tu edad, ¿suelen vivir generalmente todavía con sus padres?
– Pues sí, por lo menos mis amigos, sí, va-
10   mos, aunque en mi colegio hubo tres que
  empezaron a tener problemas y se fueron
  de casa.
– ¿Quieres decir, problemas con sus padres?
– Bueno, sí, indirectamente. Se drogaban, y
15   al final acabaron yéndose a no sé dónde.
– ¿Es corriente, por ejemplo, entre tus
  compañeros de la universidad, que se to-
  men drogas?
– Bueno, algunos, pero drogas duras, no,
20   generalmente, drogas blandas.
– ¿Y es fácil conseguirlas?
– Sí, aquí en Madrid hay varios sitios. Por
  ejemplo, en la Plaza Mayor, incluso barata. Y también al lado de la cafetería Gala-
25   xia, en la Moncloa. Cuando se pasa por
  allí, a veces te dicen que si quieres «chocolate», y creo que en la plaza del Dos de
  Mayo también hay gente que la vende y
  eso.
30 – Tú, en cuanto a dinero, ¿dependes totalmente de tus padres o trabajas en algo?
– No, de vez en cuando gano algo, pero en
  realidad me las arreglo con poco, con las
  400 pesetas que mis padres me dan una vez
35   a la semana, como a mis hermanos.

Germán,
19 años, estudiante madrileño

– O sea que tienes una cantidad fija. Y tú, un
  sábado, por ejemplo, si sales con esas 400
  pesetas, ¿qué puedes hacer con ellas?
– En realidad, no mucho, porque a mí me
  gusta mucho ir a bailar, y las discotecas,   40
  pues las buenas valen 400 pesetas. Claro,
  los precios varían. Y algo me tiene que
  quedar para la semana, ¿no? Y un cine ya
  te cuesta 200 pesetas . . .
– Si vas con una chica a bailar, ¿la invitas o se   45
  paga ella lo suyo?
– No, no, en este sentido se están liberando
  bastante, y se pagan ellas lo suyo, pero
  hombre, no sé, si vas en serio con ella y
  eso, pues la invitas.   50
– ¿Y qué llamas tú «ir en serio» con una chica?
– No sé, cuando estoy saliendo sólo con ella
  y me gusta de verdad, cuando no se trata
  de un simple «ligue».   55
– Es decir, cuando es tu novia . . .
– Novios . . . Ahora decimos «la chica con
  la que salgo», la palabra «novia» . . .

– Para ti está pasada de moda, ¿no`
60 – Sí.
– Y un sábado o un domingo en que no tienes ni cinco para ir a algún sitio, ¿qué haces?
– Depende. Estudio algo, a veces miro la te-
65 levisión cuando me aburro, aunque en realidad considero que la televisión española
deja mucho que desear, y hay semanas que
la veo como máximo una hora. En cambio
la radio, la oigo bastante.
70 – Sí . . . Dicen que hay muy buenos programas para la juventud.
– Sí, están mejorando. A mí me gusta un
programa que se llama «Hora 25». Lo malo es que es tardísimo, es a medianoche, y
75 sólo lo puedo oír de vez en cuando.
– ¿Y no haces algún deporte los domingos?
– Bueno, antes jugaba en el equipo de ba-
loncesto de mi colegio, pero de momento
lo que más hago es nadar. Es lo que más
80 me gusta.

– Germán, ¿cómo ves tu futuro profesional
como abogado?
– Un poco negro. Primero tengo que estudiar cinco años, pero si después no haces
unas oposiciones, teniendo sólo el título de   85
Derecho, no sirve para casi nada. Y veo a
amigos que acabaron Medicina, hicieron
su especialización y todo, y ahora están
dando clases prácticas de laboratorio en un
colegio, sin cobrar casi nada. Y otro, que   90
ha estudiado Arte, lleva tres o cuatro años
sin encontrar nada.
– ¿Cómo ves tú a los chicos de tu generación?
– Yo creo que la sociedad española ha cam-   95
biado bastante, incluso demasiado rápidamente, eso es verdad, y la gente mayor dice que si tal y que si cual, que se están perdiendo determinados valores morales, pero yo creo simplemente que muchos eran   100
como nosotros cuando eran jóvenes. Lo
que pasa es que ya no se acuerdan.

SON COMO NIÑOS

ROMEU

PERDON...¿SE PUEDE PASAR, PADRE DIRECTOR?...SI...GRACIAS

BIEN...VOSOTROS DIREIS...

ESTOO...SOMOS UNA COMISION DE ALUMNOS QUE VENIMOS A PRESENTAR, RESPETUOSA PERO FIRMEMENTE UNA SUGERENCIA

BIEN DICHO

SI

CONSIDERAMOS DEL TODO NORMAL QUE UN PROFE DE MATES TAMBIEN LO PUEDA SER DE INGLES...

2x2

TWO BY TWO, FOUR

...PERO YA NO CONSIDERAMOS TAN NORMAL QUE LUEGO FUESE SUCESIVAMENTE PROFE DE LATIN, GEOGRAFIA Y DIBUJO LINEAL...

...NI QUE EN DOS AÑOS EL PADRE PIO NOS HAYA DADO CLASES, SIN CONTAR LA RELIGION, DE GIMNASIA, QUIMICA Y FRANCES

TIENE CASI OCHENTA AÑOS

...¡Y ES TARTAMUDO!

HA VOLADO DOS VECES EL LABORATORIO

CADA VEZ QUE HAY MALAS NOTAS, SALTAN TODOS LOS PROFES DE SU ASIGNATURA PARA PASAR A ENSEÑAR OTRA QUE AUN CONOCEN MENOS

...SABEMOS QUE HAY PROFES CAPACES DE ENSEÑAR BRILLANTEMENTE, NO YA UNA, SINO VARIAS MATERIAS...PERO NO ES EL CASO DE LOS PROFES DE ESTE COLE...

NUESTRA SUGERENCIA ES:¿PORQUE NO BOTAS A TODA ESA PANDA DE INUTILES Y NOS PONES PROFES DE VERDAD?

¡¡Y DE PASO TE TOMAS UNAS VACACIONES BIEN LARGAS!!

¡NADA MAS, ADIOS!

21

Juventud y droga

En una encuesta realizada por la Dirección General de la Juventud y Promoción Sociocultural entre jóvenes de 12 a 24 años,

– un 34,6% declararon haberla probado
– un 9,6% decían que les gustaría probarla
– el 54% no pensaba probarla
– y 1,4% no contestó.

5

De 549 jóvenes que afirman haber probado la droga, 350 eran chicos y 199 chicas.

Datos: «Juventud y Droga en España»,

CONSUMO FEMENINO DE DROGA

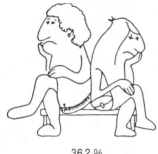

36,2 %

63,8 %

GRADO DE CONSUMO

Son consumidores
ocasionales: 6,0 %

Son consumidores habituales
con dependencia: 6,6 %

Son consumidores habituales
sin dependencia: 11,2 %

Son consumidores con
dependencia profunda: 0,6 %

Carta de un hijo

No me des todo lo que pida. A veces sólo pido para ver hasta cuándo puedo alcanzar.

No me grites. Te respeto menos cuando lo haces, y me enseñas a gritar a mí también, y yo no quiero hacerlo.

No cambies de opinión tan a menudo sobre lo que debo hacer; decídete y mantén esa decisión.

Déjame valerme por mí mismo. Si tu haces todo por mí, yo nunca podré aprender.

Cuando estés equivocado en algo, admítelo y crecerá la opinión que tengo de ti. Y me en-

a todos los padres del mundo

señarés a admitir mis equivoca-
ciones también.

Trátame con la misma amabilidad
y cordialidad con que tratas a
tus amigos; somos familia, pero eso
no quiere decir que no podamos
ser amigos también.

No me digas que haga una cosa
y tú no la haces. Yo aprenderé y
haré siempre lo que tú hagas, aunque no lo digas y hagas.

Cuando te cuente un problema
mío, no me digas: «no tengo tiempo
para tonterías» o «eso no tiene importancia». Trata de comprenderme y
ayudarme.

Y quiéreme y dímelo. A mí me gusta oírtelo decir, aunque tú no
creas necesario decírmelo.

23
Oficio de ligar

El verbo ligar responde ya a una realidad sociológica concreta. No se trata sólo de una palabra nueva sino de un hecho nuevo. Porque ligar no es lo mismo que flirtear, ni lo
5 mismo que cortejar o tontear. Eso de tontear se decía mucho en los años cuarenta. Lo decían las madres de las niñas. «No, lo de Pepita no es un noviazgo, es un tonteo.» Luego está lo de «salir». Salir es una fórmula verbal
10 más discreta, más inexacta, que se viene utilizando para definir una relación erótica o preerótica. Lo que hoy se impone en todas partes es el verbo «ligar». Efectivamente, la relación del madrileño con la madrileña, con
15 la europea de paso, es hoy una relación más

liberalizada que hace años. A esta manera rápida, provisional y directa de conocerse y tratarse responde el verbo. La juventud va teniendo unas formas de relaciones sentimentales o eróticas menos hipócritas que las
20 tradicionales. Pero el oficio de ligar se ha convertido en una especie de furor . . . Y mientras la mujer siga siendo objeto «ligable» no hemos adelantado nada. El madrileño sigue creyendo que es él quien liga, que la
25 mujer está ahí, pasiva y medio tonta. El madrileño ligón aún no ha descubierto que la verdadera liberación de las relaciones eróticas está en entender a la mujer como un camarada, como otro individuo, y que, como
30 alguien nos recordaba hace años, el amor es cosa de dos. También el ligue es cosa de dos. Hemos dado un primer paso, que es un mal paso, hacia la emancipación de la mujer. Dado que está el primer paso, es de esperar que
35 las cosas vayan a mejor y la experiencia haya enseñado a nuestros donjuanes de camisa de flores que nadie ha conquistado nunca a una mujer, que es la mujer la que conquista siempre, y que en vista de eso lo mejor será
40 suspender la guerra de los sexos y convertirla en una confraternidad.

Francisco Umbral, «Amar en Madrid»

La relación del hombre con la mujer es hoy en España una relación más liberalizada que hace años.

unidad 6

24
Machu Picchu

La llamada «ciudad de las nubes» está en los Andes Orientales a 2.450 metros sobre el nivel del mar. Fue científicamente descubierta por el norteamericano Hiram Bingham, en 1911. Por vía férrea, está a 112 kilómetros de [5] la ciudad del Cuzco, capital del imperio de los incas. ¿Su finalidad? Nadie lo sabe. ¿Habría sido un centro mágico-religioso y militar? Otro misterio. La mayoría de los restos humanos encontrados pertenecen a mujeres. [10] ¿Serían las vírgenes del Sol?

Los incas, ya sea por razones de seguridad o por exigencias de su religión, construían la mayor parte de sus ciudades y bases militares en las laderas más altas de los Andes. Es así [15] que las habitaciones y templos siguen la conformación de estos terrenos. Estaban construidos sobre terrazas y comunicados unos con otros por estrechas escaleras. Varios tipos de estas casas se encuentran en Machu [20] Picchu en muy buen estado de conservación.

Estas terrazas estaban construidas en lo más abrupto de las montañas andinas. Producían la papa, el maíz, y muchos otros frutos con que la «Pachamama» o madre tierra compen- [25] saba el esfuerzo de sus hijos. En muchos casos había que proveer estas terrazas con tierra fértil traída de otra parte . . .

25

Textiles andinos prehispánicos

Gracias a las especiales condiciones climáticas del país, se han conservado en el Perú los más primitivos restos textiles. Gracias a ellos sabemos también que el arte textil se inició en el Perú hace casi diez mil años con la simple y elemental elaboración de cuerdas.

El tejido en el mundo andino prehispánico era una expresión del poder y la riqueza. Desde que se abandonó el uso de las pieles y se inventó el tejido, se empiezan a usar telas para vestirse, adornarse, suavizar los pisos duros, etc. En el antiguo Perú, a un ser muy querido se le ofrecían telas como regalo, y el señor premiaba a sus valerosos soldados con vestidos. Un peruano, el doctor Julio C. Tello, encontró en Paracas un gran cementerio con 429 cadáveres momificados y totalmente envueltos en tejidos de las más diversas calidades, formas y tamaños. Las momias estaban dispuestas en grupos, jerarquizadas por la cantidad y calidad de sus envoltorios. Mientras que las momias más notables tenían treinta grandes mantos sumamente finos y muy decorados, otras apenas tenían unas pocas telas de poco valor.

Los expertos consideran que las telas de Paracas demuestran también la existencia de una industria textil en manos de diversos especialistas: hilanderos, tejedores, tintoreros y especialmente bordadores. Esto quiere decir que en el siglo II antes de Cristo, al que pertenecen las momias de Paracas, ya existían especialistas textiles, como más tarde, en la época incaica, con talleres convertidos en verdaderas escuelas de artes y oficios. Aún hoy, en los Andes continúa esta tradición.

Luis Guillermo Lumbreras, «Textiles prehispánicos»

Fragmento de un tejido encontrado en Paracas.

26

La boda

*En un pasaje autobiográfico, el autor relata
cómo «Varguitas» se escapa de su casa para
casarse, siendo aún menor de edad, con su tía
Julia, que es bastante mayor que él, y cómo*
5 *consiguen al fin encontrar un alcalde dispuesto a casarlos rápidamente, a pesar de
todos los impedimentos legales.*

El alcalde de Grocio Prado había escuchado
tranquilo las explicaciones de Javier, leído
10 todos los documentos con parsimonia, refle-
xionando un buen rato, y luego estipulado
sus condiciones: mil soles, pero a condición
de que a mi partida de nacimiento le cambia-
ran un seis por un tres, de manera que nacie-
15 ra tres años antes.

— La inteligencia de los proletarios — decía
Javier. Somos una clase en decadencia, con-
véncete. Ni siquiera se nos pasó por la cabeza
y este hombre del pueblo, con su luminoso
20 sentido común, lo vio en un instante. Ya está,
ya eres mayor de edad.

Ahí mismo en la Alcaldía, entre el alcalde y
Javier, habían cambiado el seis por el tres, a
mano, y el hombre había dicho: Qué más da
25 que la tinta no sea la misma, lo que importa
es el contenido. Llegamos a Grocio Prado a
eso de las ocho. En la Municipalidad, el alcalde estaba terminando de redactar el acta, en
un librote de tapas negras. El suelo de la úni-
30 ca habitación era de tierra, había sido moja-
do recientemente y se elevaba de él un vaho
húmedo. Sobre la mesa había tres velas en-
cendidas y su pobre resplandor mostraba, en

las paredes encaladas, una bandera peruana
sujeta con tachuelas y un cuadrito con la cara 35
del presidente de la República. El alcalde era
un hombre cincuentón, gordo e inexpresivo;
escribía despacio, con un lapicero de pluma,
que mojaba después de cada frase en un tintero de largo cuello. Nos saludó a la tía Julia y 40
a mí con una reverencia fúnebre. Calculé que
al ritmo que escribía le habría tomado más de
una hora redactar el acta. Cuando terminó,
sin moverse, dijo:

— Se necesitan dos testigos. Se adelantaron 45
Javier y Pascual, pero sólo este último fue
aceptado por el alcalde, pues Javier era menor de edad. Salí a hablar con el chófer, que
permanecía en el taxi; aceptó ser nuestro
testigo por cien soles. Era un zambo delgado, 50
con un diente de oro; fumaba todo el tiempo
y en el viaje de venida había estado mudo. En
el momento que el alcalde le indicó dónde
debía firmar, movió la cabeza con pesadum-
bre: 55

— ¡Qué calamidad! — dijo, como arrepin-
tiéndose. ¿Dónde se ha visto una boda sin
una miserable botella para brindar con los
novios? Yo no puedo apadrinar una cosa así.

— Nos echó una mirada compasiva y añadió 60
desde la puerta:

— Espérenme un segundo.

Cruzándose de brazos, el alcalde cerró los
ojos y pareció que se echaba a dormir. La tía
Julia, Pascual, Javier y yo nos miramos sin sa- 65
ber qué hacer. Por fin, me dispuse a buscar
otro testigo en la calle.

— No es necesario, va a volver — me atajó
Pascual. Además, lo que ha dicho es muy
cierto. Debemos pensar en el brindis. Ese 70
zambo nos ha dado una lección.

— No hay nervios que resistan — susurró la
tía Julia, cogiéndome la mano. ¿No te sientes
como si estuvieras robando un banco y fuera
a llegar la policía? 75

El zambo demoró unos diez minutos, que parecieron años, pero volvió al fin, con dos botellas de vino en la mano. La ceremonia pudo continuar. Una vez que firmaron los testigos, el alcalde nos hizo firmar a la tía Julia y a mí, abrió un código, y, acercándolo a una de las velas, nos leyó, tan despacio como escribía, los artículos correspondientes a las obligaciones y deberes conyugales. Después nos alcanzó un certificado y nos dijo que estábamos casados. Nos besamos y luego nos abrazaron los testigos y el alcalde. El chófer descorchó a mordiscos las botellas de vino. No habían vasos, así que bebimos a pico de botella, pasándolas de mano en mano después de cada trago. En el viaje de vuelta a Chincha — todos íbamos alegres y sosegados — Javier estuvo intentando catastróficamente silbar la Marcha Nupcial.

Mario Vargas Llosa, peruano, «La tía Julia y el escribidor»

27

La conquista del imperio inca

El mapa etnológico de los Andes, a mediados del siglo XV, era un verdadero mosaico. Había más de 200 reinos o señoríos, políticamente autónomos. Ellos fueron conquistados para formar un Estado Imperial unificado al advenimiento de Pachacutec y Tupac Yupanqui, los creadores del imperio inca, hacia 1438. Muchos de ellos sólo fueron Ciudades-Estados, pero también hubo reinos poderosos que tenían ambiciones imperialistas como sucedió con los reinos de los huancas, lupacas, canares, etc. . .

Los reyes huancas, como otros del área cultural andina, se rindieron al Cuzco involuntariamente. No fue afecto, sino miedo al Cuzco . . . Es evidente, pues, que ningún fruto había dado la Ceremonia Mágica de la Alianza y de la Confederación que se realizaba en el mes de diciembre en el Cuzco. Allí todos comían un bollo de maíz empapado en la sangre de las llamas sacrificadas. Lo hacían

Tres escenas de la conquista del imperio inca:
▼ *Pizarro y Almagro tocando el tambor*
▶ *El inca en su litera de batalla*
▶▶ *El inca Atahualpa, encadenado de pies y manos*

en señal de eterna confederación con el Cuzco.

Pizarro se dio cuenta de que el imperio estaba integrado por una comunidad de muchos adversarios políticos. De ellos tenía que aprovecharse para hacer sucumbir a tan inmenso y, aparentemente, poderoso Estado Imperial.

Lo que pasó entre los españoles y el imperio de los incas es muy similar a lo que ocurrió en México: los españoles llegaron y hábilmente tomaron parte activa en los odios y luchas intestinas. En México lo hicieron aliándose con Tlascala, Texcoco y otros señoríos; y en Perú, con los chimores, los cajamarcas . . .

Con la conquista, estos reyes no lograron su libertad, sino cambiar de amo. Los señores autónomos no estuvieron dispuestos a seguir la lucha por su libertad. Buscaron el advenimiento o la alianza definitiva con Pizarro y sus sucesores, quienes comenzaron a regir en nombre del rey de Castilla. El pueblo vencido tuvo que sacrificar gran parte de su cultura al servicio del invasor.

Los únicos héroes de la resistencia imperial fueron Chalcochimac y Quisquis, primero, y, después, tardíamente, Manco Inca y un gran sector de los anan y urincuzco.

Las causas de la caída, pues, no hay que buscarlas en la supuesta inferioridad racial y cultural de los peruanos de la antigüedad. Tampoco en que los españoles fueran respetados por creerlos hijos y enviados del Apo Con Ticsi Huiracocha. La fácil conquista se debió a que los reinos étnicos recibieron al puñado de españoles como a libertadores.

Waldemar Espinoza, «ABC», Perú

28
Iquitos, ciudad en la región amazónica

Iquitos, en la inmensa región amazónica de Perú, la zona que para el país es de vital importancia en sus planes de desarrollo, es una equilibrada mezcla de ciudad moderna y exu-
5 berancia tropical de la selva que se aprecia desde el mismo centro de la ciudad.

Quien llega por primera vez a Iquitos tiene la sensación de ir entrando en una sauna vaporosa y caliente porque en esta alegre ciudad
10 tropical, de unos 300.000 habitantes, la temperatura habitual es de 32 grados. Al frente de la ciudad está el caudaloso Amazonas, color chocolate.

En el centro hay una agitada vida comercial,
15 con incontables letreros, minimercados, tiendas y bodegas repletas de todo tipo de telas importadas de China, conservas brasileñas, queso de Holanda, y toda clase de productos de todas las partes del mundo. A pri-
20 mera vista sorprende el número de motocicletas que circulan entre los escasos automóviles y ómnibus existentes en la ciudad. Y es que aquí todo el mundo prefiere viajar en los «moto-cars», una especie de taxi-motocicleta
25 que hace la competencia, con ventaja, a los autos dedicados a esta actividad. Tienen un toldo de plástico que protege del sol y de la lluvia a los pasajeros. Una carrera cuesta entre 500 y 600 soles por persona.

30 El visitante se asombra de los precios de la comida en Iquitos. Aquí, un huevo duro cuesta 400 soles, una porción de arroz solo 500, una simple sopa de espárragos 1.300 y la botella de cerveza, lo más normal en Lima,
35 aquí vale nada menos que mil soles. «Vivimos una suerte de inflación interna», dice a manera de explicación el vicepresidente de la Cámara de Comercio de Iquitos. Según él, una de las razones es la falta de infraestructura: vías de comunicación y electricidad.
40 Quizá esto explique por qué una simple ensalada de verduras cueste en cualquier restaurante más de mil soles. Por otro lado, en la ciudad los apagones son frecuentes y esto ha obligado a la mayoría de las industrias a tener
45 sus propios generadores de energía.

Sin embargo, no faltan los maliciosos que echan en cara el alto costo de la vida a la gente metida en el narcotráfico que viene de Colombia y que gasta generosamente el dinero
50 en tiendas, bares y discotecas.

Pero en esta ciudad no todo es, a pesar de los precios, inaccesible. El vasto Amazonas, sin duda, invita a un paseo en lancha o en el tradicional «pequepeque», o quizás a un lejano
55 campo petrolero a bordo de pequeños barcos que transportan no menos de doscientas personas apiñadas en travesías que duran de 15 a 20 días.

Tampoco hay que andar mucho para encon-
60 trar los atractivos turísticos propios de una región de selva. Todos los hoteles tienen programas de visita a lugares llamados «albergues», adonde se llega en lancha, para disfrutar de un exuberante ambiente de vegetación
65 y colorido amazónico. Las auténticas tribus shipibas, mashiguengas, jíbaros y otras, sin embargo, están localizadas selva adentro, cosa que significaría navegar no menos de treinta días para llegar hasta ellas.
70

«Caretas», revista peruana

unidad 7

29 📼

Un parado

Manolo García,
45 años, casado, 4 hijas

– Manolo, ¿qué eres?
– Soy ingeniero de minas.
– ¿Cómo se ha desarrollado tu vida profesional?
5 – Durante años, muy bien.
– ¿Qué puestos de trabajo has tenido hasta ahora?
– Cuando acabé la carrera fui ingeniero de minas de carbón en Asturias, luego pasé a
10 ser ingeniero de mantenimiento de maquinaria dentro de la misma empresa, y allí adquirí la suficiente experiencia en mecánica como para encontrar luego un puesto en un gran taller en Madrid. Allí estuve
15 muy contento durante algunos años hasta que vi que la empresa no tenía futuro y me cambié a tiempo a otra de fabricación y venta de maquinaria de minería donde trabajé como director técnico, pero esta sociedad, a partir de 1973, con la crisis del petróleo, empezó a empeorar, y en 1978 tuvo 2[·] que cerrar. Eramos 250, y nos encontramos en la calle. Todos. Desde el gerente hasta el último obrero.

– ¿Qué sueldo tenías como director técnico? 2[·]
– Dos millones de pesetas anuales, brutas, claro, no era una cantidad fija, dependía un poco de las ventas, y como todavía no existía la nueva ley fiscal, los impuestos eran pocos. 3[·]
– Hoy día una persona que gane dos millones de pesetas tendrá que pagar bastantes impuestos.
– Depende del número de hijos, de su situación familiar, pero sí, es un 20% para todas 3[·] las profesiones, creo que como máximo puede llegar al 40%.
– ¿Y cómo se resolvió vuestra situación?
– Bueno, tuvimos derecho a una indemnización. La ley decía que tenía que ser de uno 4[·] a dos meses de servicio por años de trabajo. Yo concretamente recibí dos millones de pesetas y pasamos a cobrar automáticamente el desempleo.
– ¿Y qué hiciste entonces? 4[·]
– Empezar, como todos, a buscar cosas, lo que pasa es que no las encuentras. Yo encontré un pequeño trabajo en un taller, que cogí sin darme de baja en el seguro de desempleo, claro, aunque está prohibido, 5[·] pero era un trabajo bien pagado, pero por poco tiempo. Entre tanto se aprobó encima el nuevo Estatuto del Trabajador, según el cual las empresas pueden hacer contratos temporales, de 6 meses o un año, y al cabo 5[·] de este tiempo si les conviene te pueden echar sin indemnización o hacerte otro contrato. Total que en la vida entras fijo, y así ellos no tienen problemas si se cierra la empresa, como le pasó a mi empresa ante- 6[·]

rior, que tuvo que sacarse de golpe 200 millones de pesetas del bolsillo. Yo me pregunto cómo funciona esto en otros países, vamos . . .

65 – ¿Conoces muchas personas en tu caso?
– Sí, claro. En realidad hay varios tipos de parados. Hay los que han estado fijos en una empresa y luego han pasado al desempleo, como yo, y los que nunca han conse-
70 guido un puesto de trabajo, los jóvenes. Con este tipo de gente joven hay un mercado negro enorme, se les emplea el tiempo que se quiera, incluso sin seguridad social, y ellos, por sacar unas perras se dejan. Pe-
75 ro los que van de contrato en contrato de seis meses, sin llegar a estar fijos en ningún sitio, para mí son también a la larga otro tipo de desempleados.
– ¿Tú crees que hay mucha gente que cobra
80 el seguro de desempleo y trabaja al mismo tiempo y gana dinero?
– Hombre, se ha desarrollado toda una picaresca alrededor de esta situación, pero esa gente que trabaja durante los meses que
85 cobra el paro, lo que hace son «chapuzas»,

no trabajos importantes, y sería absurdo que rechazaran la verdadera oportunidad de tener un trabajo fijo por aprovecharse del paro. Actualmente, además, lo han reducido, y con la nueva ley, a los seis meses 90 de cobrar el paro lo reducen el 20%, y los últimos seis meses, otro 20%. ¡Así que tú me dirás qué negocio . . .!

30
El paro en España

Con sus 37,4 millones de habitantes en 1980, España tenía una población activa de 13,1 millones (9,3 millones de hombres y 3,8 millones de mujeres). El porcentaje de parados era del 12%. Entre jóvenes hasta los 25 años 5 era del 25,1%. El paro femenino era del 11,6%.

Servicio de Estudios del Banco de Bilbao

31
Españoles por Europa

Juan Goytisolo

Alvaro los había visto comer enormes barras
de pan con chorizo en los andenes de la
Haupt-Bahnhof de Frankfurt, caminar con
un maletón de inquietantes proporciones por
5 la rue du Mont-Blanc de Ginebra, discutir la
lista de precios en una taberna en el Zeedijk
de Amsterdam − españolitos pequeños, morenos, con el gracioso pelo ondulado que tanto atrae a las anglosajonas casi pegado a las
10 cejas y unos estrechos y descoloridos teja-
nos . . .
El emigrante sonreía al grave caballero holandés que intentaba resumirle sus maravillosas vacaciones en la Costa Brava, dicién-
15 dole que sí, que en España se vive mejor que
en ningún lado, que él ha salido como quien
dice a pasear y ver mundo y que, como el sol,
las gachís y el vino de Andalucía ni hablar y
que si él, el caballero holandés, vuelve algún
20 día por allá, él, Francisco López Fernández,
Doctor Pastor 29, Utrera, lo invita a venir a
su casa con su señora y niños, y allí verá lo

que es el gazpacho andaluz, la sopa de migas
y el chato de Moriles, y si el viaje coincide
con la Feria de Sevilla, ellos dos, el caballero   2
holandés y Francisco López Fernández de-
jarán a sus señoras y a sus niños en Doctor
Pastor 29 e irán a correrla en grande, a beber
y a patearse los cuartos entre los hom-
bres . . .   3
Españolitos de un metro sesenta y cinco centímetros de altura con 25, 30 ó 35 años de
hambre a la espalda, vagabundeo por toda la
península en busca de un trabajo . . . Desde
el país de emigración mantenían el contacto   3
espiritual y humano con la madre patria gracias a la atenta lectura de los resultados del
campeonato nacional de fútbol en «Marca» o
«Vida deportiva», y que se declaraban ines-
peradamente en huelga para protestar contra   4
la abominable cocina europea sin garbanzos
y regresaban con porte triunfal a la tribu refi-
riendo extraordinarias proezas sexuales a sus
paisanos, conscientes de su romántica y
aventurera condición de emigrantes, con una   4
máquina de fotografiar alemana o un soberbio reló chapado de oro, símbolos de su nueva riqueza.

Juan Goytisolo, «Señas de identidad»

PUES YO NO SÉ
DE QUE SE QUEJAN
ESTOS EMIGRANTES,
SI, POR EJEMPLO,
CONOCEN PARIS O LONDRES
MEJOR QUE NOSOTROS.

unidad 8

32

El papel de la Iglesia en América Latina

La Iglesia católica va adquiriendo en el continente latinoamericano una importancia cada vez mayor. Aparte de que el 90% de la población es católica y que al finalizar este siglo más de la mitad de todos los católicos del mundo vivirán allí, la Iglesia latinoamericana, a partir del Concilio Vaticano II

El arzobispo Romero, uno de los sacerdotes asesinados por su postura comprometida.

(1962–1965) ha desarrollado una fisonomía y unas características nuevas y progresistas, que se definieron en la II Conferencia General del Episcopado Latinoamericano celebrada en Medellín (Colombia), 1968, y que quedaron definitivamente concretizadas en la conferencia celebrada en Puebla (México) en 1979. La Iglesia se declaró solidaria con los pobres y tomó una actitud social comprometida considerando que «la Iglesia tiene el deber de anunciar la liberación de millones de seres humanos, entre los cuales hay muchos hijos suyos, el deber de ayudar a que nazca esta liberación, de dar testimonio de la misma y de hacer que sea total.»

Como consecuencia de esta postura comprometida de la Iglesia en América Latina, sólo entre 1968 y 1978, 850 obispos, sacerdotes y monjas fueron encarcelados, torturados, expulsados de su país o asesinados.

33

Puebla

En el capítulo segundo del documento de Puebla, se expresa así la visión de la Iglesia acerca de la situación actual del pueblo latinoamericano:

«Enunciamos con alegría algunas realidades que nos llenan de esperanza:

– El hombre latinoamericano posee una tendencia innata para acoger a las personas; para compartir lo que tiene, para sentir con el otro la desgracia y las necesidades. Valora mucho los vínculos especiales de la amistad.

– Ha tomado mayor conciencia de su dignidad, de su deseo de participación política y social a pesar de que tales derechos en muchas partes están conculcados.

– Hay un creciente interés por los valores autóctonos y por respetar la originalidad de las culturas indígenas y sus comunidades. Además, se tiene un gran amor a la tierra.

– Nuestro pueblo es joven y donde ha tenido oportunidades para capacitarse y organizarse ha mostrado que puede superarse y obtener sus justas reivindicaciones.

– El avance económico significativo que ha experimentado el continente demuestra que sería posible desarraigar la extrema pobreza y mejorar la calidad de vida en nuestro pueblo; si esto es posible, es, entonces, una obligación.»

Pero percibimos también el profundo clamor lleno de angustias, esperanzas y aspiraciones del que nos queremos hacer la voz: «la voz de quien no puede hablar o de quien es silenciado.»

La situación de extrema pobreza generalizada adquiere en la vida real rostros muy concretos . . .:

– rostros de niños, golpeados por la pobreza desde antes de nacer; los niños vagos y muchas veces explotados de nuestras ciudades, fruto de la pobreza y desorganización moral familiar;

– rostros de jóvenes, desorientados por no encontrar su lugar en la sociedad; frustrados, sobre todo en zonas rurales y urbanas marginales, por falta de oportunidades de capacitación y ocupación;

– rostros de indígenas y con frecuencia de afro-americanos que, viviendo marginados y en situaciones inhumanas, pueden ser considerados los más pobres entre los pobres;

– rostros de campesinos, que como grupo social viven relegados en casi todo nuestro continente, a veces privados de la tierra,

en situación de dependencia interna y externa, sometidos a sistemas de comercialización que los explotan;

– rostros de obreros frecuentemente mal retribuidos y con dificultades para organizarse y defender sus derechos;

– rostros de sub-empleados y desempleados, despedidos por las duras exigencias de crisis económicas y muchas veces de modelos de desarrollo que someten a los trabajadores y a sus familias a fríos cálculos económicos;

– rostros de ancianos, cada día más numerosos, frecuentemente marginados de la sociedad del progreso, que prescinde de las personas que no producen.

Países como los nuestros en donde con frecuencia no se respetan derechos humanos fundamentales — vida, salud, educación, vivienda, trabajo . . . — están en situación de permanente violación de la dignidad de la persona.»

34
Extraña neutralidad

De la revista «Mensaje» de Chile, tomamos un párrafo de una carta de lectores (Septiembre 1981)

Las incomprensiones vendrán de los que estiman que la Iglesia es neutral cuando aparece ligada al mundo rico, y que es parcial cuando está con los pobres...
Un grupo de cristianos, Parroquia San Pedro y San Pablo.

▲1

2▼   ▼3

60   *Unidad 8*

▲ 4

5 ▼

35
Asalto a una iglesia

Monseñor Hortensio Carrillo, párroco de
Santa Teresa, tenía informes de que la policía
y la Seguridad, a espaldas del coronel Velas-
co, tenían preparado un asalto a su templo.
Sólo se esperaba una oportunidad.   5
Monseñor Carrillo no podía renunciar a su
deber. El martes 21, un poco antes de medio-
día, estaba diciendo su misa ordinaria cuando una manifestación de médicos perseguida
por la policía se refugió en la iglesia. En la   10
confusión la misa fue interrumpida y agentes
uniformados y civiles irrumpieron en el re-
cinto, armados de fusiles y ametralladoras.
En un instante la iglesia de Santa Teresa se
impregnó de gases lacrimógenos, pero los   15
policías impidieron la salida de 500 personas
– hombres, mujeres y niños – que se asfi-
xiaban en el interior. Una bomba estalló a
pocos metros de Monseñor Carrillo. Los
fragmentos se le incrustaron en las piernas y   20
el párroco, con la sotana en llamas, se arras-
tró hasta el altar mayor. A pesar de la confusión un grupo de mujeres mojaron sus pañue-
los en el agua bendita de la sacristía y apaga-
ron la sotana del párroco.   25

La pobreza se refleja en
1 rostros de mujeres
2 rostros de ancianos
5 rostros de niños golpeados por la miseria.
3/4 Gran parte de la población
latinoamericana vive en situaciones
inhumanas.

Cuando la iglesia fue evacuada, la policía se opuso, incluso, a que las ambulancias se llevaran oportunamente a los heridos.

El arzobispo llamó por teléfono al comandante de la policía, Nieto Bastos, cuando todavía la iglesia estaba sitiada. Nieto Bastos respondió: Son ellos quienes están acribillando a la policía.

Monseñor Carrillo no pudo ser conducido al hospital. Con las piernas inutilizadas por los fragmentos de la bomba fue llevado al despacho parroquial, hasta donde logró penetrar, al atardecer, un médico que le prestó los primeros auxilios. Una patrulla de policía hizo tres descargas contra la puerta: un tiro de fusil, otro de revólver y una ráfaga de ametralladora. La bala de fusil perforó la puerta, atravesó el despacho y se incrustó en la pared del fondo, a 20 centímetros sobre la cabeza de Monseñor Carrillo. Pero Monseñor Carrillo, a pesar de su estado, sabía que aquel asedio no podía durar mucho tiempo. Así fue. Era la madrugada del 23 de enero. El régimen había sido derrocado.

Gabriel García Márquez, colombiano, «Cuando era feliz e indocumentado» (El libro recoge algunos reportajes escritos por García Márquez, entre 1957 y principios de 1959, época en que ejerció el periodismo.) En 1983, Gabriel García Márquez recibió el Premio Nobel de Literatura.

La Iglesia latinoamericana ha desarrollado unas características propias. Se declaró solidaria con los pobres y tomó una actitud social comprometida.

Salmo 21

Dios mío Dios mío ¿por qué me has
abandonado?
Soy una caricatura de hombre
el desprecio del pueblo
Se burlan de mí en todos los
periódicos
Me rodean los tanques blindados
estoy apuntado por las ametralladoras
y cercado de alambradas
las alambradas electrizadas
Todo el día me pasan lista
Me tatuaron un número
Me han fotografiado entre las
alambradas
y se pueden contar como en una
radiografía todos mis huesos
Me han quitado toda identificación
Me han llevado desnudo a la cámara
de gas
y se repartieron mis ropas y mis
zapatos
Grito pidiendo morfina y nadie me
oye
grito con la camisa de fuerza
grito toda la noche en el asilo de
enfermos mentales
en la sala de enfermos incurables
en el ala de enfermos contagiosos
en el asilo de ancianos
agonizo bañado de sudor en la
clínica del psiquiatra
me ahogo en la cámara de oxígeno
lloro en la estación de policía

en el patio del presidio
en la cámara de torturas
en el orfelinato
estoy contaminado de radioactividad
y nadie se me acerca para no conta-
giarse
Pero yo podré hablar de ti a mis
hermanos
Te ensalzaré en la reunión de nuestro
pueblo
Resonarán mis himnos en medio de
un gran pueblo
Los pobres tendrán un banquete
Nuestro pueblo celebrará una gran
fiesta
El pueblo nuevo que va a nacer

Ernesto Cardenal, nicaragüense,
«Canto a un país que nace»

unidad 9

37 📼

Soy catalana____

– ¿Cuántos años llevas viviendo en Alemania?
– Pues aproximadamente 5 años.
– ¿Qué haces aquí?
5 – Soy estudiante y doy clases de español.
– ¿Sigues en contacto con España?
– Sí, voy allí por lo menos una vez al año y sigo la actualidad de la vida española muy de cerca por la prensa.
10 – ¿Qué periódicos lees?
– Bueno, españoles, leo lo que puedo encontrar aquí, para cosas de Cataluña compro *La Vanguardia,* cuando me quiero enterar de las autonomías, por ejemplo.
15 Soy catalana, de Barcelona, y ese tema me interesa mucho y lo sigo . . .
– ¿Y lo has seguido todo desde aquí?
– Sí, claro, desde 1977 sobre todo, en que las autonomías empezaron a tomarse ya más
20 en serio.
– Y antes, ¿te interesaba esto?
– Sí, claro, el problema de las autonomías es bastante viejo, y en Cataluña ha habido, de siempre, la necesidad de independizar-
25 se de Madrid. Esta necesidad la hemos sentido siempre los catalanes, me atrevería a decir que todos, independientemente de nuestra ideología política.
– ¿Y tú tienes la impresión de que la gente de
30 Cataluña está contenta de lo que se va consiguiendo hasta ahora en ese sentido?
– Yo creo que no están contentos en general. Quieren más. Y de lo que se quejan es que les han prometido mucho y dado poco, in-
35 cluso se han retirado concesiones hechas al

Mercedes, estudiante

principio . . . aunque a un nivel formal, cultural, sí, se ha avanzado bastante. Pero a nivel administrativo y económico, no. Mientras el gobierno central vaya administrando las finanzas de las distintas regiones no habrá autonomía de verdad.
– En cuanto al idioma, en cambio, los catalanes pueden ahora hablar catalán sin problema.
– Los catalanes siempre han hablado catalán. No se puede prohibir un idioma. Sólo que ahora lo hacen de una manera más consciente. Antes, sobre todo hasta los años sesenta, había gente que por cuestiones sociales no hablaba catalán, no les parecía «fino», pero luego ya se empezó a hablar con conciencia, sobre todo los jóvenes; los intelectuales catalanes siempre lo hablaron y han estado siempre muy orgullosos de su lengua. Lo único es que ahora no sólo se habla catalán sino que se apren-

de en las escuelas. Este era el problema, que los catalanes nunca habían aprendido catalán.

0 – ¿No trae problemas para otros españoles que en Cataluña sólo se hable catalán?

– Bueno, a veces, es cierto. Por ejemplo, en la universidad hay profesores que dan las clases en catalán, y claro, hay muchos estu-
5 diantes de otras regiones de España, y estudiantes latinoamericanos, que no saben catalán. Y los catalanes dicen que hay que aprender el idioma de donde se va, que es lo más natural, ¿por qué no se va a
0 aprender catalán en Cataluña? Tengo entendido que los latinoamericanos lo aceptan y lo aprenden con más rapidez que los estudiantes de otras partes de España.

– Cuando hubo la votación sobre la autonomía, ¿participó el pueblo catalán activa-　75
mente?

– Sí, muy activamente, creo que votó más del 80%.

– Mercedes, cuando te preguntan qué na-
cionalidad tienes, ¿qué contestas? . . .　80

– Mi pasaporte es español, y yo soy catalana.

Barcelona es la capital de la provincia más densamente poblada de España. Posee importantes industrias y constituye además un centro cultural, artístico y turístico.

38

Hablar
‾‾‾‾‾‾catalán

La voluntad de establecer la cooficialidad del idioma catalán en toda Cataluña es una voluntad popular y de razones de evidente justicia para los catalanes. Así, Cataluña recupe-
5 ra un derecho que perdió en el reinado de Felipe IV (1621–1665) cuando el conde duque de Olivares le aconseja que «tenga Vuestra Majestad por el negocio más importante de su monarquía el hacerse rey de España.
10 Quiero decir, Señor, que trabaje por reducir los reinos de que se compone España al estilo y leyes de Castilla sin ninguna diferencia».
En 1714 comienza la marginación legal del catalán. Se elimina de la Administración pú-
15 blica y de la enseñanza. En 1902 «los maes-

tros que enseñasen en un idioma que no fuera el castellano serán castigados e incluso separados del Magisterio oficial».
Pero la ley estaba bien lejos de la realidad de la vida, pues la lengua catalana alcanzó un 20 extraordinario esplendor. Hoy día se cree que la cooficialidad no será difícil para Cataluña. Nadie duda de que pueden encontrarse dificultades en los barrios periféricos de Barcelona, por ejemplo, en que la población cas- 25 tellanohablante alcanza hasta el 90%. Pero hay una buena voluntad y concordia en Cataluña entre los nativos y los inmigrantes desde que existe mayor tolerancia para el desarrollo de la lengua y cultura catalanas, y un estu- 30 dio realizado por el Instituto de Estudios Laborales de Barcelona en estos barrios mostraba que el 97% de los padres de origen inmigrante deseaban que sus hijos aprendieran el catalán para poder ser «un catalán más». 35
Otra cuestión más problemática es la falta de profesorado. Un tanto por ciento muy eleva-

do de maestros no son catalanes e ignoran la
realidad cultural catalana. Mientras ese profesorado no reciba la formación necesaria
faltará profesorado para cumplir las funcio-
nes necesarias para establecer la cooficialidad.

«Blanco y Negro»

39
Dalí visto por Dalí

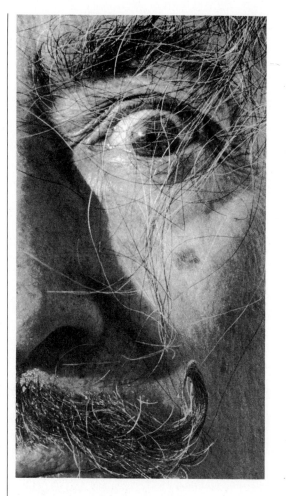

Mi padre lo había visto bien: que era mejor
escritor, no como estilo, sino por las ideas
que escribo, muchas veces más eficaces que
lo que logro con mi pintura.

El lugar en que nací es Figueras. La fecha no
se sabe, porque durante las revoluciones se
quemó la partida de nacimiento, y como
siempre hago las cosas a ojo, dije una época
de mi nacimiento y mi padre dijo que no era
verdad. Pero yo creo que tengo sesenta y tantos años. (En 1969).

Mi hermano murió antes de nacer yo, de manera que cuando esto sucedió, mis padres me
dieron el nombre del hermano fallecido: Salvador. Toda mi niñez la viví en el terror de
pensar que yo era mi hermano y que estaba
muerto en realidad. Comencé a hacer cosas
extravagantes para atraer la atención hacia
mí, para demostrar que era yo mismo, y no
mi hermano muerto.

A los tres años quería ser cocinero; a los seis,
Napoleón. Después mi ambición no ha hecho
más que crecer.

Hago la siesta con llave. Que es lo que hacen
los monjes de Toledo. Se ponían un plato en
el suelo, una silla de lo más inquisitorial que
fuera posible y lo más incómoda, y una llave
en la mano. Y en el momento en que se pierde la conciencia, ¡clunc! se cae la llave, y uno
se despierta. Y es lo suficiente para poder
estar fresco como una rosa.

Don Quijote era un loco idealista, yo soy un
loco catalán. Es decir una locura con mucho
sentido comercial.

Yo no compraría ningún cuadro mío.

Si yo fuera menos inteligente, indiscutible-
mente pintaría mejor.

No soy vanidoso, soy modesto. Pero cuando digo que soy el mejor es porque los demás son malos.

40 Llamar la atención durante una hora entera es difícil, yo he llamado la atención todas las horas de mi vida.

Los payasos consiguen mantener la atención del público sólo quince minutos. Yo hace 45 cuarenta años llevo manteniendo la atención del mundo entero.

La única diferencia entre yo y un loco es que yo no estoy loco.

Dijo Freud de Dalí: «¡Qué fanático! ¡Qué ti- 50 po de español más completo!»

Picasso es español, yo también. Picasso es pintor, yo también. Picasso es comunista, yo tampoco.

Yo recuerdo a un periodista que me preguntó con aire preocupado: «Juan Carlos, ¿es ver- 55 daderamente inteligente?» Le respondí: «En todo caso mucho más inteligente que usted, mucho más guapo que usted y de una familia mucho más conocida que la de usted.» Por otra parte, para ser rey no es absolutamente 60 necesario ser inteligente, aunque Juan Carlos lo sea.

No creo en la muerte. Si creyera me pondría a temblar como una hoja.

No creo que sea posible que Dalí muera. Me 65 haré congelar, como Walt Disney, para volver a vivir cien años más tarde. La muerte es un tema que me apasiona, después del erotismo, naturalmente.

Del «Diccionario privado de Salvador Dalí»

40

Suquet de rape

(6 personas)

6 rodajas de rape
3/4 de kilo de pescadilla
1/4 de kilo de gambas
1 kilo de mejillones
1 kilo de patatas
1 tomate grande
50 gramos de almendras
medio vaso de aceite
perejil, ajo, agua, sal
2 rebanadas de pan frito

- Se cuecen en agua las cáscaras de las gambas y las cabezas de las pescadillas, con sal.
- En poca agua se ponen los mejillones hasta que se abran. Se tiran las conchas y se los deja en este caldo.
- Se pone en una sartén aceite. Se doran 4 ajos, se añade el tomate sin piel; cuando esté frito se añaden las rebanadas de pan y el perejil (que se han frito aparte), las almendras tostadas y un poco de harina. Se da vueltas con una cuchara de madera.
Se echa todo en una cacerola, se añaden las patatas, cortadas, con el agua en donde han cocido las gambas, y un poco más de agua.
- Se echa la sal y se deja cocer 20 minutos. Se echan la pescadilla, el rape y las gambas. Se deja cocer 10 minutos. Se echan los mejillones con su caldo y se sirve.

unidad 10

41
El nombre de Colombia

El nombre de Colombia parece ser que se lo dio Amerigo Vespucio (que en 1499 visitó por primera vez el país) en honor de Colón, el cual había descubierto aquellas costas. Pero el verdadero conquistador del país fue el andaluz Gonzalo Jiménez de Quesada, quien tras una penosa y larga expedición de 1536 a 1538, fundó Santa Fe de Bogotá.

Según «Enciclopedia Sopena»

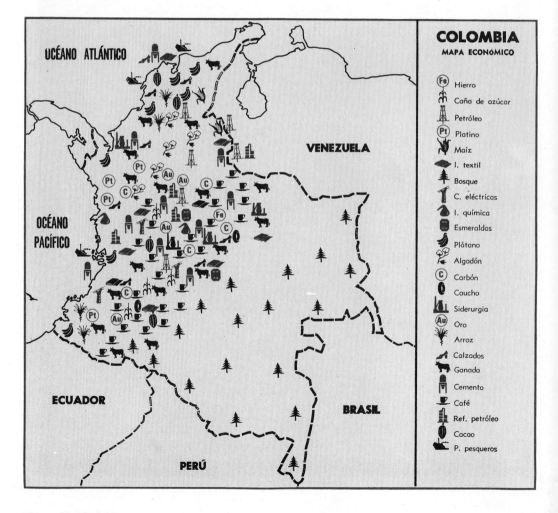

COLOMBIA
MAPA ECONÓMICO

- Hierro
- Caña de azúcar
- Petróleo
- Platino
- Maíz
- I. textil
- Bosque
- C. eléctricas
- I. química
- Esmeraldas
- Plátano
- Algodón
- Carbón
- Caucho
- Siderurgia
- Oro
- Arroz
- Calzados
- Ganado
- Cemento
- Café
- Ref. petróleo
- Cacao
- P. pesqueros

42

La economía de Colombia

Entre los cultivos comerciales, destinados en parte al consumo interno y en parte a la exportación, figura en primer lugar el café, del que Colombia es el segundo productor mundial. Los cafetales, en gran parte explotados por pequeños colonos, abundan sobre todo en las vertientes andinas y valles del Cauca y Magdalena, obteniéndose dos cosechas al año.

Colombia dispone también de grandes reservas mineras, pero su explotación a gran escala resulta por ahora difícil debido sobre todo a la escasez de capitales de inversión y a las dificultades de transporte.

Cada día es mayor la importancia económica que adquiere la minería así como las industrias derivadas de la misma. Figura en primer lugar el petróleo, del que Colombia es el cuarto productor en América Latina, después de Venezuela, México y Argentina. El petróleo es propiedad del Estado y lo explota mediante concesiones que otorga a compañías nacionales y extranjeras. La mitad aproximadamente de la producción se consume en el país y la otra mitad se exporta.

Un cafetal colombiano. El café es uno de los cultivos más importantes de Colombia.

43

Elecciones en Colombia en 1982: ‹Belisario fue necesario›

En Colombia hay dos partidos, y el Liberal es mayoritario. Pero cuando se divide, gana el Conservador. Es lo que sucedió en las elecciones presidenciales del 30 de mayo pasado,
5 en las que el candidato conservador Belisario Betancur derrotó a su rival, el ex presidente López Michelsen, por más de 40.000 votos. Pero si a los de López se suman los que obtuvo el candidato liberal disidente, Luis Carlos
10 Galán, las mayorías liberales siguen intactas. Este triunfo del candidato del partido minoritario produce cierto miedo en Colombia. Porque recuerda las épocas terribles de los años 50, cuando la división de los liberales
15 permitió la llegada al poder del Partido Conservador minoritario, y éste, por mantenerse, desencadenó una guerra civil que le costó al país 300.000 muertos y diez años de violencia que se cerró con un golpe de Estado mili-
20 tar. Este miedo a que la historia se repita fue explotado a fondo por el candidato liberal en su campaña. Hasta Gabriel García Márquez, el célebre autor, depuso por un instante sus convicciones de izquierda para anunciar desde
25 de París que apoyaba a López Michelsen, quizá el presidente más detestado por la izquierda colombiana, García Márquez incluido. El odio a López Michelsen fue la causa de la derrota liberal, ya que en el momento de la
30 verdad, muchísimos liberales prefirieron

«votar útil», es decir, votar por el candidato que podía derrotar a López Michelsen. Y lo que fue un simple slogan, «Belisario es necesario», se volvió cierto el 30 de mayo. Para impedir la reelección de López Michelsen, 35 Belisario resultó no sólo necesario, sino inevitable. Inevitable para los liberales que odiaban a su propio candidato, pero también inevitable para los conservadores. Porque tampoco él despierta un particular entusias- 40 mo entre los suyos. Para muchos de ellos no es lo bastante duro y puro en sus posiciones de derecha, sino que se deja influir por la doctrina social de la Iglesia. Betancur, que es de origen humilde, asegura no haber olvida- 45 do a los pobres. En la noche de su triunfo, en medio de los gritos y cantos de alegría, una alta personalidad conservadora se llevaba las manos a la cabeza y decía: «Ahora sólo falta que a Belisario le dé por cumplir todo lo que 50 prometió.»

Antonio Caballero, enviado especial de «Cambio 16»

44

En Macondo

Deslumbrada por tantas y tan maravillosas invenciones, la gente de Macondo no sabía por dónde empezar a asombrarse. Se trasnochaban contemplando las pálidas bombillas eléctricas alimentadas por la planta que llevó Aureliano Triste en el segundo viaje del tren, y a cuyo obsesionante tumtum costó tiempo y trabajo acomodarse. Se indignaron con las imágenes vivas que el próspero comerciante don Bruno Crespi proyectaba en el teatro con taquillas de boca de león, porque un personaje muerto y sepultado en una película, y con cuya desgracia se derramaron lágrimas de aflicción, reapareció vivo y convertido en árabe en la película siguiente. El público que pagaba dos centavos para compartir las vicisitudes de los personajes, no pudo soportar aquella burla inaudita y rompió la silletería. El alcalde, a instancias de don Bruno Crespi,

explicó mediante un bando que el cine era una máquina de ilusión que no merecía los desbordamientos pasionales del público. Ante la desalentadora explicación muchos estimaron que habían sido víctimas de un nuevo y aparatoso asunto de gitanos, de modo que optaron por no volver al cine, considerando que ya tenían bastante con sus propias penas para llorar por fingidas desaventuras de seres imaginarios. Algo semejante ocurrió con los gramófonos de los cilindros que llevaron las alegres matronas de Francia en sustitución de los anticuados organillos, y que tan hondamente afectaron por un tiempo los intereses de la banda de músicos. Al principio la curiosidad multiplicó la clientela de la calle prohibida, y hasta se supo de señoras respetables que se disfrazaron de villanos para observar de cerca la novedad del gramófono, pero tanto y de tan cerca lo observaron, que muy pronto llegaron a la conclusión de que no era un molino de sortilegio, como todos pensaban y como las matronas decían, sino un truco mecánico que no podía compararse con algo tan conmovedor, tan humano y tan lleno de verdad cotidiana como una banda de músicos. En cambio cuando alguien del pueblo tuvo oportunidad de comprobar la cruda realidad del teléfono instalado en la estación de ferrocarril, que a causa de la manivela se consideraba como una versión rudimentaria del gramófono, hasta los más incrédulos se desconcertaron. Era como si Dios hubiera resuelto poner a prueba toda la capacidad de asombro, y mantuviera a los habitantes de Macondo en un permanente vaivén entre el alborozo y el desencanto, la duda y la revelación, hasta el extremo de que nadie podía saber a ciencia cierta dónde estaban los límites de la realidad.

De G. G. Márquez, «Cien años de soledad»

45

Despiértese mi dotor

Dotor qué tendrá mi cuerpo
y porqué me siento muy mal
que cada vez que me duermo
ya me sueño con un pan
    dotor qué tendrá mi cuerpo
    y porqué me siento muy mal.

Dotor qué 'tará pasando
porque muchos tamién sueñan
o si no vaya y pregunte
pa' que vea qué le contestan.

Dotor yo en mi sueño veo
un pan tan grande tan grande
que alcanzaría pa' tuiticos
los que reventamos de hambre.
    dotor que tendrá…

Dotor qué tendrán los panes
que' n después que uno los come
y ahí mesmo se van quitando
tuiticos esos dolores.

Vusté que sabe de a mucho
y que ha sido tan estudiao
no me vendrá con el cuento
que'sto no le han enseñao.
    dotor que tendrá…

Yo no sabo de'sas cosas
que a vustedes les enseñan
y en cambio vusté tampoco
sabe lo que nos aqueja.

Y el hambre tamién enjerma
y la represión si que's pior
ésto lo sabe cualquiera
debe saberlo un dotor.
    dotor qué tendrá…

Le digu lo que mi diju
la lora camino abajo
cuando la lucha es del pueblo
los títulos pa'l carajo.

Texto y música: Jorge Velosa.
Colombia

unidad 11

46

Galicia
y los gallegos

– José Manuel, ¿qué eres?
– Soy médico, y estoy especializado en ciru-
  gía ortopédica.
– ¿Dónde has nacido?
5 – Nací en Villagarcía de Arosa, es un ayun-
  tamiento, capital de una región natural, en
  la provincia de Pontevedra. Y allí he vivido
  hasta que comencé mis estudios de Medicina, en Salamanca.
10 – ¿De pequeño hablabas gallego?
– Umm . . ., como segunda lengua, bueno,
  es decir que nunca exclusivamente gallego.
  Entre nosotros, en casa, a nivel familiar,
  hablábamos gallego, pero en el colegio y si
15 teníamos visita en casa hablábamos castellano.
– ¿Por qué?
– No sé, en nuestra clase social estaba como
  mal visto, incluso, daba una sensación de
20 falta de cultura, era como un poco pale-
  to . . .
– Entonces eso quiere decir que la gente sen-
  cilla, y la del campo, hablaban gallego.
– Sí, sí, y hoy todavía.
25 – Y en determinadas clases sociales no había
  una identificación con el propio idioma, sino más bien al contrario, ¿no?
– Efectivamente, hasta tal punto que servía
  de barómetro, por ejemplo, en una fiesta,
30 en un baile popular, si sacabas a bailar a
  una chica, según te contestaba en gallego o
  en castellano, te dabas un poco una idea de
  su clase social y su cultura. Hoy día ya no es
  así.

José Manuel Ramírez,
36 años, médico

– ¿Cómo ves tú Galicia actualmente, qué 35
  pensáis los gallegos de la autonomía que se
  os ha concedido?
– Bueno, tú piensa que el pueblo gallego no
  es como el vasco o el catalán. Ellos siempre
  han hablado más de este asunto que noso- 40
  tros. No tienes más que ver el porcentaje
  de personas que votó en Galicia para decidir sobre la autonomía: sólo un 17 por ciento, y gran parte de ese 17 por ciento eran
  militantes de base de los distintos partidos 45
  políticos que apoyaban las autonomías.
  Galicia es sobre todo un país de emigración. Ya desde finales del siglo pasado hay
  que ver la cantidad de gallegos que están
  por ahí, por todo el mundo, en América: 50
  en Cuba, México, en Argentina . . . Se dice que la primera ciudad gallega que hay es
  Buenos Aires. Luego hubo el boom de la

emigración de los años 60 hacia Centroeu-
ropa. Luego hay esa constante corriente de
emigración interior hacia otras regiones de
España, más ricas. Sí.

Y además hay otra forma de emigración
que no se tiene en cuenta, pero que para mí
también lo es, y es que los gallegos representan el 80% de los marinos y pescadores
que cubren la flota española. Hay que pensar que esta gente está fuera de Galicia
diez u once meses al año.

La gente se va porque Galicia ha tenido
siempre problemas de desarrollo, y ni el
régimen de Franco ni los anteriores han
hecho nada positivo por Galicia.

– Y eso que Franco era gallego.
– Sí, sí, pero como si nada . . . el gallego es
  más . . . , no sé, más tímido que el vasco o
  el catalán, y no ha protestado nunca.

– ¿Hay algún partido político que te ofrezca
  garantías?
– En este momento no me convence ninguno. Yo soy socialista y voté al partido socialista, pero a mí me gustaría una social-
  democracia como hay en otros países, pero
  hablar aquí de socialismo creo que es todavía hablar un poco de marxismo, y yo soy
  un anticomunista convencido.
– Y en Galicia, ¿qué partido tiene más sim-
  patías?
– Desde luego el PSOE, el partido socialista.

*Galicia es una región esencialmente rural.
La agricultura y la ganadería son actividades
básicas de la economía gallega, mientras que
la industria está escasamente desarrollada.*

47
Galicia

En el noroeste de la Península las cuatro provincias gallegas representan una de las regiones españolas mejor caracterizadas. Galicia pertenece a la España húmeda, y su fisonomía recuerda la de Irlanda o la Bretaña francesa por su suelo granítico, sus costas recortadas en profundas rías, su clima húmedo y dulce y sus verdes paisajes de campos cerrados y bosques (la cuarta parte de la explotación forestal nacional: pino, castaño, eucalipto). También su origen se relaciona con esas lejanas tierras: los celtas han dejado leyendas, tradiciones artísticas, y el instrumento típico del folklore, que es la gaita.

Galicia es esencialmente rural, con una población poco densa y dispersada en fincas muy reducidas: los minifundios. La agricultura, la ganadería y la pesca son las actividades básicas de la economía gallega, mientras que la industria está escasamente desarrollada. Los cultivos más importantes son los de maíz, patatas, centeno y vid (con los famosos vinos de Ribeiro).

La industria más importante es la de conservas de pescado, de madera y la naval, concentrada en El Ferrol y en la ría de Vigo. Los astilleros de El Ferrol son, después de los de Cádiz, los más importantes de España.

Según «España», guía Michelin

Una de las industrias más importantes de la región es la de conservas de pescado.

48

Los idiomas de España——————

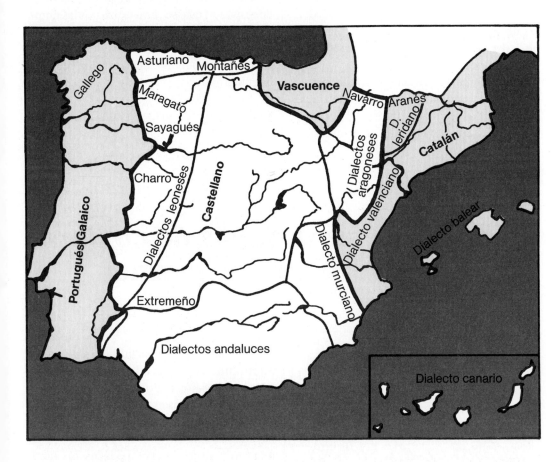

Aparte del castellano que se habló primeramente en Cantabria, al norte de Castilla la Vieja, hacia el siglo X, y más tarde ya en el centro de la Península, existen otras lenguas, como la catalana y la gallega, también románicas como el castellano y con una excelente literatura propia. También existe el bable que se habla en parte de Asturias y el vascuence, que se hablaba ya en la Península antes de la llegada de los romanos y actualmente se usa en las tres provincias Vascongadas (Vizcaya, Alava y Guipúzcoa), en parte de Navarra y en el sur de Francia (País Vasco francés). El número de hablantes es de unos 500.000.

Existen, además de estas lenguas, lo que podríamos llamar variantes dialectales, es decir, la gramática es la misma que la castellana, pero el acento, la entonación y el uso de las palabras es típico de la región. Así, entre la manera de hablar de un andaluz o de alguien de Santander o de Extremadura existen diferencias.

En cuanto al castellano hablado en América, éste ofrece una enorme riqueza de palabras de origen español al lado de otras procedentes de las lenguas indígenas americanas y las de dialectos africanos llevados a América por los esclavos.

También se habla el español en Filipinas, al lado de los idiomas indígenas y del inglés traído por los Estados Unidos.

En el Mediterráneo Oriental, Turquía, Grecia, Egipto, Palestina y países balcánicos, existen unos centenares de miles de hispanohablantes: los sefardíes, descendientes de los judíos españoles expulsados, en 1492, por los Reyes Católicos, que siguen hablando judeoespañol; éste se caracteriza por las numerosas palabras que conserva del español del siglo XV y la incorporación de numerosas palabras del país donde viven los sefardíes hoy día.

Angel Valbuena, «Historia de la Literatura española»

49

Un niño que sería capaz de comerse a su padre por las piernas

La tía Agueda no reparaba en sacarse el pan de la boca para mandárselo a los hijos de su sobrino, Farruco, casado fuera del pueblo.

La pobre vieja se mantenía de pescados pequeños, de esos que compran las señoras gordas para echárselos al gato. Y todo eso lo hacía para ahorrar para los hijos de Farruco.

Ciertos días la tía Agueda les mandaba a los sobrinos un cajón lleno de cosas para comer, y se quedaba pensando en si los chiquillos estarían contentos. La caja contenía siempre bocados de mérito: chorizos, pedazos de jamón, roscas de huevo, pedazos de tarta, azúcar . . . Farruco bien merecía las ayudas de la tía Agueda, porque vivía hecho una calamidad; él, que había sido el mozo más encopetado, por quien enloquecían las mozas de la localidad . . .

Farruco se casó y en seguida comenzaron a lloverle chiquillos del cielo. Aquel conquistador, antes juerguista, se transformó en un limón exprimido por el trabajo y las preocupaciones. Los chiquillos eran preciosos, gordos

50
Pascual Duarte

Pascual Duarte se decide a matar a su madre, último crimen de su vida, que una vez más él siente como inevitable.

Fue el 12 de febrero de 1922. Cuadró en viernes aquel año el 12 de febrero. El tiempo 5 estaba claro como es ley que ocurriera por el país; el sol se agradecía y en la plaza me parece como recordar que hubo aquel día más niños que nunca jugando. Mucho pensé en aquello, pero procuré vencerme, y lo conse- 10 guí; volverme atrás hubiera sido imposible, hubiera sido fatal para mí, me hubiera conducido a la muerte, quién sabe si al suicidio. Me hubiera acabado por encontrar en el fondo del Guadiana, debajo de las ruedas del 15 tren . . . Había que continuar adelante, siempre adelante, hasta el fin. Era ya una cuestión de amor propio . . .

Mi mujer algo debió de notarme.
– ¿Qué vas a hacer? 20
– Nada, ¿por qué?
– No sé; parece como si te encontrase extraño.
– ¡Tonterías!
La besé, por tranquilizarla; fue el último be- 25 so que le di. ¡Qué lejos de saberlo estaba yo entonces! Si lo hubiera sabido me hubiera estremecido . . .
– ¿Por qué me besas?
Me dejó de una pieza. 30
– ¿Por qué no te voy a besar?
Sus palabras mucho me hicieron pensar. Parecía como si supiera todo lo que iba a ocurrir, como si estuviera ya al cabo de la calle.

como ángeles barrocos, pero era necesario
25 mucho pan para tantas bocas.
Comían y comían; en sus facciones juguetonas sólo se adivinaba el deseo de comer. Cuando llegaba el cajón de la tía Agueda, bailaban a su alrededor y no salían de casa
30 hasta que el cajón no se hubiese vaciado en sus estómagos. Cuando los niños de Farruco no salían a la calle era señal de que había llegado el cajón de la tía Agueda.
Quiero contaros un sucedido que muestra las
35 ansias de comer que dominaban a los hijos de Farruco. Estaba el pobre padre sumido en cavilaciones, pues acababa de tener otro hijo, ciertamente muy bonito y repolludo, y se acercó Pedro, el hijo mayor, y lo despertó de
40 sus pensamientos.
– ¿De dónde llegó el niño?
Farruco le respondió, por decir algo:
– Lo mandó la tía Agueda en el cajón de las golosinas.
45 Pedro, después de meditarlo un rato, volvió a preguntar, con los ojos llenos de alegría:
– ¿Cuándo lo comemos?

Alfonso R. Castelao, «Cosas» (Traducción del original gallego)

³⁵ El sol se puso por el mismo sitio que todos los días. Vino la noche . . . cenamos . . . se metieron en la cama . . .

Había llegado la ocasión, la ocasión que tanto tiempo había estado esperando. Había
⁴⁰ que hacer de tripas corazón, acabar pronto, lo más pronto posible. La noche es corta y en la noche tenía que haber pasado ya todo. Estuve escuchando un largo rato. No se oía nada. Fui al cuarto de mi mujer; estaba dor-
⁴⁵ mida y la dejé que siguiera durmiendo. Mi madre dormiría también a buen seguro. Volví a la cocina; el suelo estaba frío, y las piedras del suelo se me clavaban en la planta del pie. Desenvainé el cuchillo, que brillaba a
⁵⁰ la llama como un sol . . .
(. . .)

Cogí el campo y corrí, corrí sin descanso, durante horas enteras. El campo estaba fresco y una sensación como de alivio me recorrió las venas . . . Podía respirar . . .

Camilo José Cela, de «La familia de Pascual Duarte». Cela nació en 1916 en la provincia de La Coruña. «La familia de Pascual Duarte» (1942) le convirtió en uno de los primeros novelistas españoles.

Galicia, con su clima húmedo, tiene un paisaje verde, con campos, bosques y costas recortadas en profundas rías.

unidad 12

51 📼

Diez años con Mafalda

Quino es el autor del famoso personaje de Mafalda, famoso no sólo en Argentina, sino igualmente en toda Latinoamérica y España. Del personaje existen también films cortos que se proyectan en la televisión en numerosos países.

Camina delante de nosotros y visto así, de espaldas, tiene algo de personaje de dibujos animados: las piernas muy flacas y muy juntas, los pies grandes y separados. Quino es de una fragilidad desarmante. Tiene una cabeza de intelectual, el cabello largo y rizoso, la sonrisa bondadosa y tras las gafas, una mirada como deslumbrada.

15 – Ese aire de felicidad, de tranquilidad que tiene Quino ahora, ¿se debe al hecho de que ha matado a Mafalda?
– Dejé de hacerla hace unos meses, y sí, estoy muy cómodo. Más libre. Son ya diez
20 años de tiras, y empezaba a repetirme. Me pareció más honesto, más sano dejar de hacerla.
– ¿Se arrepintió en algún momento de haberla creado?
25 – No, eso no. La hice con mucho entusiasmo. Lo que pasa es que llegó a convertirse en una obligación, y entonces ya no era divertido, ya me tenía harto.
– ¿Le ha hecho rico Mafalda?
30 Amplia sonrisa de Quino y negativa casi enérgica:
– No, no. Rico, a mí no. Si acaso, a los editores. A esos sí. Es como en todo proceso: quién menos gana es el que crea.

– ¿Qué es lo más importante para Quino? 35
– La libertad. Bueno, añadiré que también esa otra clase de libertad que se concede uno mismo, no sólo la que tienen que darte los demás. Cuando dibujo me autocensuro, porque además ya sé que hay cosas 40 que si las presento en tal o cual revista no me las van a publicar. Entonces ¿para qué perder tiempo y energías?

Durante la comida hemos hablado de política lo suficiente para preguntarle de qué lado se 45 apunta. Se echa a reír y mira a su mujer.
– Huy, por esto Alicia y yo tenemos discusiones interminables. Ella, sabes, está llena de fe. En cuanto a mí . . . Es que desde el momento que no creo en el ser huma- 50 no . . . El problema no está en los regímenes políticos, sino en el hombre, que yo pienso que no funciona muy bien.

Le digo que en determinados sistemas el ser humano tiene posibilidades de funcionar mejor.

– Sí, claro, puede ser. Pero, no sé, a la larga no estoy muy seguro.
– ¿Piensa dejar alguna vez Argentina para establecerse en España, como han hecho bastantes intelectuales latinoamericanos?
– Ni hablar. Lo siento por mi mujer, pues a ella no le disgustaría, pero yo quiero morirme en Argentina. A la edad que uno tiene no se puede dejar a los amigos así como así, y hacerse otros nuevos. Tampoco es muy agradable irse a otro país para ser un extranjero. Aparte de que hay algo que a mí me hace ver que de Argentina no me tengo que marchar: yo le tengo muchísimo miedo al avión, y pienso que nos vamos a caer, pero, mira, será una pavada pero cuando entramos en tierra argentina pienso que todo está bien, que me da lo mismo morirme, porque ya estoy en casa.

Maruja Torres, Entrevista a Quino en «Diez años con Mafalda»

52

La condición del exilio

Cuenta Julio Cortázar en Madrid:
– Se me acercó un argentino en la calle, en México, y me dijo: «¡Ejte, sho soy un exiliado argentino, vijte!», y yo pensé que hubiera preferido que dijera: soy un argentino exiliado. Porque él adelantó su condición de exiliado como una tarjeta de visita, ¿sabes?

Cortázar es también, desde hace más de 30 años, un argentino exiliado, y autor además de ese manual del exilio latinoamericano que es «Rayuela», prodigiosa novela hoy casi ya mitológica. Pero ése era otro exilio, el de antes; era el exilio de la nostalgia, pero de la nostalgia «del lado de allá», o sea, de Europa, de la bohemia parisiense de los años 50, jazz, alcohol, sexo, y mucha literatura. El de ahora, en cambio, no. Ese cambio en el exilio ha provocado un cambio paralelo en J. Cortázar. Ya no es el individualista bohemio de los años 50, ahora ha descubierto la solidaridad. Es en primer lugar argentino y después exiliado, uno más de la gigantesca diáspora.

– Yo me siento también muy latinoamericano.
– ¿Cómo definirías el sentirse latinoamericano?
– Yo entiendo por latinoamericano el hecho de que, por detrás de las diferencias que hay entre los países de América Latina – el color de piel, las diferencias idiomáticas creadas por la existencia de lenguas indígenas detrás del español – al pasearme por ellos siempre he tenido un sentimiento de unidad profunda, de unidad por debajo, una unidad que no puedo explicar racionalmente. En cualquier lugar de allí yo estoy tan en mi casa como en la Argentina. Estoy todo el tiempo conociendo las diferencias: pero la verdadera diferencia empieza cuando llego a París o a Estocolmo.
– ¿No ha sido el exilio, voluntario o forzoso, lo que ha marcado buena parte de la literatura latinoamericana?
– Yo no diría buena parte, pues quitando algunas obras toda ella está profundamente afirmada en la tierra latinoamericana. Pero algún día habrá un capítulo que será el de la literatura del exilio. Del exilio real.

De las razones que provocaron el exilio. La represión, la persecución, la tortura.

– La tenacidad en la búsqueda de la identidad latinoamericana y de la libertad se refleja en la literatura . . .

– Sí, pero no tanto en los autores como en los lectores. Lo interesante es la multiplicación de los lectores en América Latina a partir del llamado «boom», y en parte a causa de él. Cuando yo era joven, en Buenos Aires se vendía literatura europea en traducciones, mientras Borges vendía 200 ejemplares, de los cuales él mismo regalaba 150 . . . Hoy, en cambio, publican un 60 o 70% de autores nacionales o latinoamericanos. Y esto me parece un hecho positivo, yo diría revolucionario . . .

Antonio Caballero, «Cambio 16»

53
Buenos Aires

El primer europeo que visitó y penetró en el actual territorio argentino fue el español Juan Díaz de Solís, quien en 1516 llegó a la desembocadura del Río de la Plata, lugar éste llamado así por la esperanza que los primeros españoles tuvieron de hallar en el interior fabulosas riquezas mineras. Solís murió poco después a manos de los indígenas.

Años más tarde, en 1536, Pedro de Mendoza, al frente de una importante expedición, desembarcó en el Río de la Plata y fundó Buenos Aires, bautizada entonces con el nombre de Puerto de Santa María del Buen Aire.

Según «Enciclopedia Sopena»

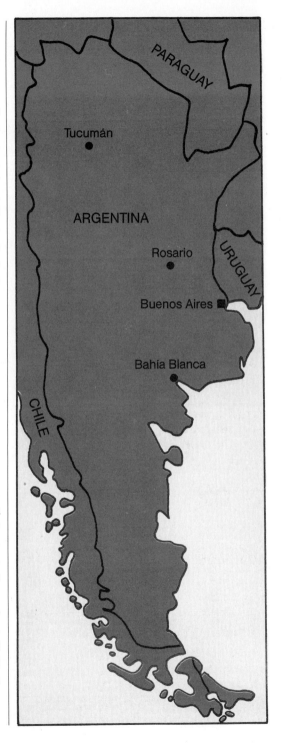

54

La población argentina

Argentina se distingue del resto de los países sudamericanos por el componente casi absoluto del elemento blanco entre la población. En efecto, tanto los mestizos como los indios puros representan una reducida minoría. (Hay quechuas, guaraníes, araucanos, patagones, en total menos de 30.000).

En 1816, al lograr su independencia, Argentina era un país poco poblado, que escasamente contaba con 400.000 personas. Progresivamente fueron llegando nuevos colonos, procedentes en su mayor parte de España e Italia, pero hasta la segunda mitad del siglo XIX no puede hablarse de verdaderas emigraciones masivas procedentes de Europa, como ya había ocurrido con otros países de América.

En el decenio 1901−1910 llegaron a los puertos argentinos nada menos que 1.120.000 personas, y tras la segunda guerra mundial hasta 1956 el número de emigrantes sobrepasó el millón.

Actualmente, Argentina tiene 27 millones de habitantes, con una superficie de 2.776.889 km², o sea una densidad de población de unos 10 habitantes por km². El número de extranjeros residentes es de unos 2.850.000, de los cuales 1.340.000 son italianos y 814.000 españoles, correspondiendo el resto a franceses, polacos, rusos, alemanes, etc.

Según «Enciclopedia Sopena»

◀ *La catarata del Iguazú*
◀◀ *Buenos Aires, la Plaza del Congreso*
▼ *Cosecha de la yerba mate*

Tangos

Caminito

Caminito que el tiempo ha borrado,
que juntos un día nos viste pasar;
he venido, por última vez,
he venido a contarte mi mal.

Caminito que entonces estabas
bordeado de trébol y juncos en flor;
una sombra ya pronto serás,
una sombra lo mismo que yo.

Desde que se fue
triste vivo yo;
caminito, amigo,
yo también me voy . . .
Desde que se fue,
nunca más volvió;
seguiré sus pasos,
caminito, adiós.

Caminito que todas las tardes
feliz recorría cantando mi amor;
no le digas si vuelve a pasar,
que mi llanto tu suelo regó.

Caminito cubierto de cardos
la mano del tiempo tu huella borró;
yo a tu lado quisiera caer
y que el tiempo nos mate a los dos.

Soy de línea

Qué querés con tu parada
que no sirve para nada
si sabés que a mí no me la das
con auto, ni el champán que ofrecés
qué buscás con tu dinero
si sabés que no te quiero . . .
Si por más que quieras compadrear
esta personita no la vas a conquistar.

Yo quiero tener un amor
aunque pobre, bien sincero,
porque no busco dinero,
yo busco un pibe flor.
Que lleve toda mi ilusión
a un modesto bulincito
que convertiré en nidito
para el arrullo de mi pasión.

Retirá tus pretensiones
que son locas ilusiones
porque yo no te voy a escuchar,
ni me vas a marear con tu arroró;
apuntá para otro lado
que este tiro te ha fallado.
Además dejá de cacarear,
porque soy de línea y jamás me doblarás.

«Cancionero hispanoamericano»

unidad 13

57 📼

Colegios_____

Carmen Pérez de Lama,
48 años, 4 hijos

– Carmen, ¿cuántos hijos tienes?
– Cuatro, de 17, 16, 14 y 13 años.
– ¿Trabajas en algo?
– No, soy maestra, pero al casarme lo dejé.
5 – ¿Qué es tu marido?
– Es intendente mercantil, trabaja en un Banco, y ahora es jefe de servicio en el Banco.
– ¿Vivís bien?
10 – Sí, bastante bien, pero ten en cuenta que además trabaja en otro sitio, en una empresa particular.
– ¿Cómo se las arregla para trabajar en dos sitios?
15 – Pues por la mañana entra en el Banco a las ocho y media y sale a las dos y media, luego viene a casa, come, descansa un rato y se va a la empresa a trabajar tres horas.
– ¿Tú crees que sin pluriempleo no se sale adelante? 20
– Bueno, la vida está subiendo mucho, y tenemos cuatro hijos en edad escolar.
– ¿Van tus hijos a un colegio estatal o privado?
– No, no, privado. Yo quería que en el cole- 25 gio recibieran también una formación religiosa, por eso prefería un colegio religioso.
– ¿No te gustan los Institutos del Estado?
– Sí, sí, incluso pienso que tienen mejor profesorado, y además sólo cuesta la matrícu- 30 la y nada más, pero creo que tienen demasiada libertad, además no te creas que es tan fácil encontrar una plaza libre para que entren. No hay bastantes Institutos.
– Y el colegio de los niños, ¿cuánto te 35 cuesta?
– Pues del pequeño, que está todavía en enseñanza básica, son los primeros 7 años, como está subvencionado por el Estado me cuesta 2.500 al mes, pero los otros, que 40 ya están en BUP (Bachillerato Unificado Polivalente), pago 6.500.
– ¿Tú crees que unos padres de la clase media española, si se lo pueden permitir económicamente, prefieren mandar a sus hijos 45 a un colegio privado?
– La mayoría, sí. Primero porque los chicos están más controlados, y además hay todavía, aunque se va perdiendo, esa mentalidad «clasista» de que el niño se relacione 50 con niños de su misma posición, que luego tenga buenas amistades. Incluso hasta hace poco había colegios en que admitían a un niño o no según quiénes fueran sus padres. Así era, por ejemplo, en las Damas 55 Negras o El Loreto. Ahora, el que puede pagarlo entra sin más.
– ¿Son estos colegios religiosos mixtos?

– Sí, sí, eso también ha cambiado, ahora van niños y niñas juntos, como en los Institutos.

– ¿Y por qué dices que en los Institutos hay mejor profesorado?

– Bueno, es natural, los profesores son catedráticos de enseñanza media, lo que no se les exige en un colegio privado. Además, como los de los colegios privados están peor pagados, tienen que dar clases particulares y buscarse trabajo por otro lado y están más cansados, y eso se nota a la hora de dar una clase. Por supuesto que hay colegios privados de superlujo en que los profesores están muy bien pagados, pero eso es la excepción.

– ¿Tienen que estudiar mucho los niños para salir adelante en el colegio? 75

– Sí, mira, por lo pronto, tienen que ir todos los días de ocho a dos y luego de tres y media a cinco y media, a veces hasta las seis y media, y además casi siempre tienen que 80 hacer algo en casa para el día siguiente. Los sábados no tienen colegio, pero durante la semana me parece que a veces es demasiado.

– ¿Y les gusta ir al colegio? 85

– En general, sí. Pero los mayores empiezan a tener miedo de acabar y enfrentarse con una decisión. Ven bastante negro el futuro por lo que oyen hablar a otros que están estudiando o buscando trabajo . . . 90

58
Diversos niveles del sistema educativo

1. Educación preescolar
Es de carácter voluntario, para niños de dos a tres años, en jardines de infancia, y de cuatro a cinco, en escuelas de párvulos.

2. Educación general básica (EGB)
Comprende ocho años de estudios, para niños normalmente de seis a trece años. Es obligatoria.

3. Bachillerato unificado y polivalente
El bachillerato unificado y polivalente (BUP) se desarrolla en tres cursos, con alumnos generalmente entre los catorce y los dieciséis años. Al final se obtiene el título de bachiller. Los estudiantes que quieran cursar estudios universitarios tienen que hacer, des- 15 pués, un curso de orientación universitaria (COU).

Después de terminar EGB, para alumnos que no quieran obtener el título de bachiller hay la posibilidad de entrar en una escuela de 20 formación profesional. Esta, según la especialidad de que se trate, tiene una duración entre dos y seis años.

SON COMO NIÑOS

ROMEU

¡HERMOSA VOCACION LA TUYA!..SOLO QUE HOY DIA YA NO ES TAN FACIL HACERSE MILLONARIO

POR MUY TRABAJADOR Y ASTUTO QUE SEAS, LA INDUSTRIA Y EL COMERCIO SE HAN VUELTO TAN FRAGILES QUE CONSEGUIRAS MUCHO ANTES EL INFARTO QUE EL MILLON

LAS PROFESIONES LIBERALES SE FORRAN, PERO DE IMPUESTOS Y TIENES MUCHO GASTO EN EQUIPO E INSTALACIONES Y EN COLABORADORES PARA FLIPAR A LOS CLIENTES

DE LAS ARTES, OLVIDATE. CUANDO TE RECONOZCAN EL GENIO Y TE EMPIECEN A COMPRAR, YA TENDRAS LA EDAD DE DALI Y A ESA EDAD EL DINERO YA NO SIRVE PARA MUCHO

DE LAS LETRAS, PASA, HAY MAS ESCRITORES QUE LECTORES Y GANAR EL PLANETA ES UNA PROEZA AL ALCANCE DE UN SOLO AFORTUNADO COMUNISTA AL AÑO

LA POLITICA, ANTES, SI DABA PASTA, AHORA, ENTRE LA PRENSA Y LA OPOSICION QUE NO TE DEJAN PASAR UNA, HACE FALTA UN CINISMO CASI INHUMANO

LA UNICA OPORTUNIDAD ESTA EN EL DEPORTE: FUTBOLISTA COMO CRUYFF, PILOTO DE FORMULA COMO FITTIPALDI...PIERNAS, MANITAS, REFLEJOS Y UN AGENTE DE INVERSIONES

MIRA, AL BORG, NO SOLO LE REGALAN HASTA LOS CALZONCILLOS, SINO QUE INCLUSO LE PAGAN CADA VEZ QUE SE LOS PONE

¡Y LO NORMAL HOY DIA ES BAJARSELOS Y GRATIS!

59

Un día en el colegio

Bajo el título «La vida en el colegio», Azorín recuerda un día en el internado de Yecla, Alicante

Nos levantábamos a las cinco . . . Yo me contemplo, durante ocho años todas las madrugadas, en la capilla oscura. Después de la misa pasábamos al salón de estudios, y cuando había transcurrido media hora, sonaba una campana y descendíamos al comedor.

Otra vez subíamos a estudiar, después del desayuno, y tras otra media hora bajábamos a las clases. Duraban las clases tres horas: una hora cada una . . . Estudiábamos media hora antes de comer; sonaba de nuevo la campana; descendíamos, siempre de dos en dos, al comedor . . . Luego, idos al patio, teníamos una hora libre. Y otra vez subíamos al nefasto salón; permanecíamos hora y media inmóviles sobre los libros y, al cabo de ese tiempo, tornaba a sonar la campana y bajábamos a las aulas. Por la tarde teníamos dos horas de clase . . . el tiempo nos parecía interminable.

Azorín (José Martínez Ruiz, 1873–1967), «Las confesiones de un pequeño filósofo»

60/61

Recuerdo infantil

Una tarde parda y fría
de invierno. Los colegiales
estudian. Monotonía
de lluvia tras los cristales.

Es la clase. En un cartel
se representa a Caín
fugitivo, y muerto Abel,
junto a una mancha carmín.

Con timbre sonoro y hueco
truena el maestro, un anciano
mal vestido, enjuto y seco,
que lleva un libro en la mano.

Y todo un coro infantil
va cantando la lección;
mil veces ciento, cien mil,
mil veces mil, un millón.

Una tarde parda y fría
de invierno. Los colegiales
estudian. Monotonía
de la lluvia en los cristales.

Consejos

Moneda que está en la mano
quizá se deba guardar;
la monedita del alma
se pierde si no se da.

Antonio Machado (1875–1939)

62

Escucha, adulto

Unos niños de seis a quince años han escrito un libro que se llama «Escucha, adulto: éstos son nuestros derechos». En una de sus páginas se quejan, sin más comentario, simplemente citando frases, de las tantas cosas que se les pide que las hagan o que se les impide, prohibe . . . (además de los insultos que parece que deben aguantar).

Come * Calla * ten cuidado
no, no, no * prohibido, prohibido
besa * ven * vete * estudia
haz los deberes * traga * apaga
pon la mesa * chupa * no llores
no te muevas * estate quieto
duerme * no grites * siéntate
levántate * cuidado, cuidado, cuidado
no ensucies * no des patadas
no corras * peligroso * sé bueno
no mientas * malo * di la verdad
Te voy a matar * Te voy a pegar
a la cama * ven acá
silencio * sube
baja

unidad 14

63

Adolfo Pérez _____
_____ Esquivel

50 años, argentino, Premio Nobel de la Paz
1980 (entrevista hecha durante una de sus visi-
tas a Chile)

No es un hombre cualquiera, pero lo parece.
Poco puede saberse de su vida personal porque no tiene frontera con su actividad del
Servicio de Paz y Justicia en América Latina
en la que le ayuda toda su familia. Alguien
que lo acompañó en su viaje por Chile dijo:
«Come como un canario, anda en micro y tiene una maletita con libros, un par de camisas
y una escobilla de dientes».
Cuando recibió el Premio Nobel, las Fuerzas
Armadas de su país calificaron el hecho como
«una ofensa inaceptable para la dignidad argentina». Y es que no da su brazo a torcer de-
nunciando los atropellos a los campesinos,
obreros, indígenas y presos políticos. También ha sido encarcelado y torturado pero sigue impertérrito.
Lo encontramos cansado, pero con sus ojos y
sus oídos muy atentos.
– ¿Es usted político?
– Sí, hago política si por ésta se entiende la
búsqueda del bien común. El silencio dentro de una situación de injusticia también
es política.
– En general se entiende por paz tranquilidad. ¿Qué entiende usted por paz activa?
– La paz es paz. Pero ella no significa ausen-
cia de conflicto. Somos imperfectos. Pero
también somos capaces de dialogar y buscar un consenso sin llegar a situaciones extremas.

– ¿Por qué habla siempre de «nosotros» para
referirse a usted mismo?
– Porque éste no es el trabajo de Pérez Es-
quivel. Yo estoy identificado con todos los
hombres que luchan por conseguir la justicia en el continente.
– Pero ¿y usted como persona, como individuo?
– ¡Ah! Yo soy un individuo que vive su compromiso. También tengo mi vida familiar;
trato de tener tiempo para pintar, me reú-
no con mis amigos . . ., me gusta salir, ir al
cine, a una fiesta . . .
– ¿Y le gusta bailar?
– También, cuando hay una oportunidad,
¿eh? Bailo tango, sí, como cualquier cosa . . . Somos seres humanos.

– ¿A quién admira?

– Admiro al tío Pedro, un campesino, un
55 indígena, un hombre que pasa inadverti-
do. Hizo un curso de alfabetización,
aprendió a leer y a escribir y volvió a su lugar de origen a trabajar con sus hermanos . . . (ríe). Otra persona que admiro es
a mi señora.

60 – ¿Qué significa la mujer para usted? ¿Cómo ve su presencia en América Latina?

– La mujer es fundamental. Fundamental.
La mujer es muy marginal en América Latina, pero vemos que está saliendo a traba-
65 jar y a conquistar sus derechos.

– En ese sentido, ¿es usted feminista?

– No me gustan los letreros. Debo tener
unos mil quinientos pegados a la espalda:
subversivo, reaccionario, comunista . . .
70 La lucha de las mujeres por la libertad es
como cualquier otra cosa. Sí. Y yo soy
partidario de la libertad.

– ¿Advirtió mejoras en el cuadro de derechos humanos en Chile?

75 – Mi impresión es que la gente está angus-
tiada y atemorizada. Me preocupa el alto
índice de desocupación. En Argentina,
por ejemplo, han disminuido las desapari-
ciones, pero ambos gobiernos siguen
80 apoyándose en la fuerza, y últimamente se
advierte una escalada de represión.

– ¿Cuál es la receta contra el miedo a organizarse cuando ello pone en peligro la propia
integridad física?

85 – No tengo recetas pero puedo asegurar que
el miedo paraliza. Pero tal como el miedo
es contagioso, la solidaridad también lo es.
Si nos encerramos en nuestra propia angustia perdemos algo fundamental que es
90 la esperanza.

Claudia Donoso, «Hoy», revista chilena

64

Expresarse...
para vivir

Hace tiempo que la libertad de expresión se
encuentra muy restringida en el país. Se trata, en verdad, de evitar que se hable de mucho de lo que realmente sucede entre nosotros. Informarse, hablar, expresarse es tomar 5
conciencia a nivel social. Y a la conciencia sigue la acción, la actitud libre, la conducta humana. Pero una sociedad sin expresión, una
sociedad silenciosa, sin nada en común que
compartir, en que todo es competencia y na- 10
da cooperación, ya no es una sociedad humana. La «participación social» queda limitada
al consumo, que – de verdad – viene a saciar
un hambre de años. Pero no sólo de pan vive
el hombre. Las antenas humanas están he- 15
chas para conocer. La información no puede
suprimirse. Hay que remplazarla. Y la televisión y la prensa se encargan entonces de pro-
veernos el circo que necesitamos: festivales y
mucho fútbol, concursos de todo tipo, bailes, 20
teleseries. Los medios de comunicación se
encargan de ir «creando» el mundo ficticio
que hay que ver, tanto sobre el país – las
bondades del modelo – como sobre el mundo exterior – el caos generalizado. 25
Pero no es sólo pan y circo lo que el pueblo
necesita. Más allá de nuestros legítimos intereses personales, hay un «nosotros» que
nos une a algo común: un pasado, pero también un futuro, que enfrentaremos juntos, 30
queramos o no.
Si se suprime este sentido de pertenencia, de
solidaridad, contentándose tan sólo con pan
y circo, si compartir o participar se torna mal

mirado o hasta peligroso, quiere decir que
vamos muy mal. Se acabaría el unir fuerzas
ante la tarea común de hacer de nuestro suelo
una patria habitable para todos. Habría
muerto la «comunidad nacional». Sin libertad de expresión, no hay información; sin información, no se puede compartir ni tomar
decisiones; sin participación, no hay comunidad ni nación. Es más: la imposibilidad de expresarse le impide al ser humano relacionar-
se con los demás, buscar lo común que hay en
«nosotros», crear juntos y crecer humana-
mente, formar un pueblo y experimentar el
gozo de la «comunidad humana». El hombre
se frustra si no participa.

De la revista «Mensaje», Santiago de Chile

65
Los cateadores

El desierto chileno es una región inmensa,
terrible y hermosa. Todavía hoy puede uno
caminar días y días sin encontrar un caserío o
un árbol.

Muchos se han enamorado de la pampa como
le llaman. Los grandes héroes del desierto
son los cateadores. Conocían bien el enorme
territorio y lo exploraban en busca de minas o
como guías de alguna expedición. Aguanta-
ban el calor del día y el frío de las noches, ca-
minaban kilómetros sin cansarse y se confor-
maban con muy poco de comer: harina tostada, galletas de marinero y té o café. Hubo famosos cateadores. Uno de ellos fue el Manco
Moreno. El Manco Moreno descubrió varios
minerales y empujó la formación de algunas
industrias. El fundó los pueblos de El Cobre
y Garín Nuevo y el importante puerto de Tal-
tal, al sur de Antofagasta.
Otro cateador que también ha pasado a la
leyenda es Diego de Almeyda. Descubrió algunas minas de cobre, pero no le interesaron:
lo que buscaba era oro o plata. Así, cuando
encontraba otro mineral, ponía un letrero
para que alguien lo aprovechara y seguía su
camino. Quizá por eso le llamaron el Loco
Almeyda. A los 60 años de edad sirvió de
guía a la expedición del famoso sabio alemán
Rodolfo Philippi, que se maravilló de la
resistencia del anciano. Almeyda dormía a la
manera de los cateadores: haciendo un hoyo
en el suelo y tapándose con la misma tierra
que había sacado al cavarlo.

G. Blanco y Lukas, «Contando a Chile»

Vista panorámica de Santiago de Chile

66

Chile antes de la conquista

Entre la cordillera de los Andes y el mar, entre dos ríos, el Itata y el Toltén, vivían los araucanos. Estas fueron sus fronteras. Pero tampoco formaban un verdadero país. Para ayudarse unos a otros y para defenderse de sus enemigos, los araucanos se juntaban en grupos de doscientos, trescientos o pocos más. Eran las tribus. Las familias se alojaban en unas casuchas que construían con ramas, paja y barro. Ahí debían soportar los calores del verano y esas interminables lluvias del invierno.

Para conseguir comida, los hombres se dedicaban a cazar animales mientras las mujeres cultivaban la tierra. Una diferencia entre los araucanos y los demás habitantes del país (atacameños, diagitas, changos, picunches, huichiches, chiquillanes, puelches) es que los demás habitantes de Chile nunca fueron tan buenos guerreros como ellos. Eso se vio muy claro cuando la invasión de los quechuas. Los

quechuas sí formaban un país, y muy grande. Un verdadero imperio. Su territorio era más o menos el que hoy tienen
25 Perú, Bolivia, Ecuador y una parte importante de Argentina. Habían construido ciudades y caminos pavimentados con piedra; no sabían leer ni escribir, pero podían calcular, levantar grandes edificios, y llegaron a
30 producir hermosas obras de arte. Los emperadores de esta nación se llamaban incas. Uno de ellos, Túpac Yupanqui, invadió Chile con su ejército. Llegaron hasta el valle de Aconcagua, donde algunos se quedaron vi-
35 viendo y cultivando la tierra.
Los quechuas enseñaron muchas cosas a los habitantes de nuestro país. Por ejemplo a criar ganado, como las vicuñas y las llamas, que dan buena lana para hacer tejidos. Y a
40 cultivar los campos, regándolos con canales. Además, el emperador mandó construir un camino muy largo, que partía desde el Cuzco, en Perú, y después de pasar por lo que hoy es Bolivia y atravesar la Cordillera de los Andes, llegaba hasta el norte de Chile. Se
45 llamó el Camino del Inca, y aunque lo hicieron en el siglo quince, todavía quedan pedazos de él en el desierto.

G. Blanco y Lukas, «Contando a Chile»

67

Soy nada más que un poeta

Soy nada más que un poeta: os amo a todos
ando errante por el mundo que amo:
en mi patria encarcelan mineros
y los soldados mandan a los jueces.
Pero yo amo hasta las raíces
de mi pequeño país frío.
Si tuviera que morir mil veces
allí quiero morir:
si tuviera que nacer mil veces
allí quiero nacer,
cerca de la araucaria salvaje,
del vendaval del viento sur,
de las campanas recién compradas.
Que nadie piense en mí.
Pensemos en toda la tierra,
golpeando con amor en la mesa.

No quiero que vuelva la sangre
a empapar el pan, los frijoles,
la música: quiero que venga
conmigo el minero, la niña,
el abogado, el marinero,
el fabricante de muñecas,
que entremos al cine y salgamos
a beber el vino más rojo.

Yo no vengo a resolver nada.

Yo vine aquí para cantar
y para que cantes conmigo.

Pablo Neruda (1904−1973), chileno, Premio Nobel 1971

unidad 15

68 🔊

Soy de Guernica

– Pilar, ¿dónde has nacido?

– Yo nací en Guernica, en el año 49. Pero de allí nos vinimos cuando yo tenía nueve años a Vitoria, y siempre he vivido aquí.
5 Esta es la zona más castellanizada del País Vasco.

– Guernica es un poco el centro espiritual de los vascos, ¿no? ¿Tienes tú recuerdos de cuando vivías allí?

10 – Sí, ya sabes, allí está el famoso árbol donde se reunían en otros tiempos los señores de Vizcaya a jurar sus Fueros. Bueno, yo, recuerdos tengo pocos, me acuerdo que estaba todavía bastante destrozada del bom-
15 bardeo de la guerra, y por ejemplo de que los lunes había mercado y los campesinos venían de los caseríos a vender sus productos. En octubre había también una feria, un mercado de ganado que allí se celebra
20 muchísimo, y la gente vendía sus caballos, sus cerdos, sus vacas, ¡uf, qué sé yo! Me gustaba mucho. Esta gente hablaba vasco, cosa que en las ciudades no es tan corriente. Mi familia, por ejemplo, es de lo más
25 vasca que hay, pero nunca hemos hablado vasco.

– ¿Qué le llamas tú sentirse vasca? ¿Sentirse distanciada de lo español?

– Bueno . . ., es tener una conciencia de que
30 somos una raza diferente, tener conciencia de nuestra propia historia, saber que el idioma vasco se hablaba aquí seis mil años antes de Cristo, y con todo esto no es que nos haya dado de repente la manía de
35 ser vascos sino que ha habido un tiempo en que pensar así estaba casi prohibido y no se hablaba de ello. Por supuesto, el vasco es

Pilar Goicoechea, vasca

un pueblo muy dividido: unos pensamos así, otros se sienten enormemente nacionalistas, y algunos no saben muy bien lo que quieren, pero en general somos gente muy tranquila, conservadora y aquí a la gente le gusta vivir en paz. También nos gusta, claro, reunirnos a celebrar nuestras fiestas, hacer concursos de juegos, cantar o bailar. Creo que somos tranquilos y sociables.

– ¿Entonces, cómo se explica entonces el nacimiento de una organización terrorista como la ETA en un país así?

– Yo lo veo de cierta manera lógico. La ETA se creó en una época (1959) en que se prohibía celebrar el Aberri Eguna (el día de la fiesta nacional vasca), se prohibía nuestra bandera y hasta el hablar vasco. Y era ya lo último que nos quedaba por perder . . .

En ningún momento el gobierno quiso hacer concesiones, ni siquiera respetar una forma de autonomía económica que había existido en el País vasco de 1876 a 1936. El ir perdiendo terreno, poco a poco, venía de muy lejos. Euskadi había perdido su independencia en la Edad Media, pero los reyes castellanos respetaron siempre nuestros Fueros, y el país era autónomo. Pero después de la guerra civil se prohibieron nuestros Fueros, y lo demás. Yo creo que cuando ETA voló a Carrero Blanco, en el 73, la gente decía «¡qué horror!» y tal, pero en el fondo la gente pensaba que a lo mejor Madrid se iba a tomar ahora en serio el problema vasco. Y la ETA ha sido posible porque la gente les ayudaba a esconderse en los caseríos y a escapar de la policía.

– ¿Y hoy día?
– La mayoría está hasta las narices del terrorismo, de un Euskadi empobrecido, de tantos muertos, del impuesto revolucionario con que la ETA ha sacado el dinero a la gente como si fueran «gangsters» . . .
– ¿Y ves tú algún fin próximo al conflicto?
– Pues más bien no. Madrid no está dispuesto a devolver lo que fue ganando en los últimos años. Y los vascos piden cosas como que se retiren las fuerzas de la policía nacional, que haya amnistía total, que se reconozca la lengua vasca como oficial, que se legalicen todos los partidos, por ejemplo, ¿no? – sólo está reconocido uno, el PNV (Partido Nacionalista Vasco) – y demás. Y los vascos somos muy cabezotas. Así que no sé lo que va a pasar . . .

«Guernica», uno de los cuadros más famosos del siglo XX. Picasso lo pintó en la primavera de 1937.

69

¿Dónde se vive mejor?

Según la revista económica «Visión» publicada en Suiza, teniendo en cuenta datos sobre las condiciones de trabajo, la situación sanitaria, el nivel de participación política, las
5 posibilidades culturales, etc., España ocupa el penúltimo lugar entre los países europeos, delante de Portugal. España, elegida por millones de europeos para pasar los meses de verano, parece sin embargo no reunir las condiciones para seguir siendo un paraíso 10 más allá de la temporada turística. Ocupan los primeros lugares de la clasificación Suecia y Dinamarca, seguidos de Alemania, tercer lugar, y Austria, cuarto.

La clasificación de las provincias de España, 15 según los mismos criterios, es la siguiente:

CLASIFICACION GENERAL

	Puntos		Puntos		Puntos
1 Guipúzcoa....	237	18 Palencia	172	35 Badajoz.......	126
2 Navarra	230	19 Burgos........	171	36 Toledo	126
3 Segovia.......	224	20 Alava..........	170	37 Málaga........	125
4 Barcelona	216	21 Huesca........	169	38 Cuenca	124
5 Salamanca ...	203	22 Alicante.......	164	39 Las Palmas ...	122
6 Valladolid.....	196	23 Baleares......	160	40 Granada	116
7 Valencia.......	196	24 Sevilla.........	158	41 Santa Cruz de	
8 Madrid	195	25 Murcia.........	156	Tenerife.......	111
9 Gerona........	195	26 Coruña.......	155	42 Huelva	110
10 Guadalajara ..	193	27 Castellón	151	43 Zamora	107
11 Zaragoza	192	28 León	146	44 Cádiz..........	100
12 Santander	185	29 Córdoba	146	45 Albacete......	97
13 Logroño	182	30 Oviedo........	145	46 Orense........	95
14 Tarragona.....	182	31 Teruel	137	47 Lugo	93
15 Soria	178	32 Cáceres......	135	48 Jaén...........	93
16 Lérida.........	174	33 Pontevedra...	131	49 Almería	73
17 Vizcaya.......	173	34 Avila..........	128	50 Ciudad Real ..	63

El retrato-robot de la provincia ideal española parece ser el siguiente: Debería tener
20 – tantos monumentos como Toledo
– tantas carreteras como Pontevedra
– tantos médicos como Salamanca
– tantos farmacéuticos como Granada
– tantos puestos escolares por habitantes
25   como Palencia
– una economía tan fuerte como Guipúzcoa
– una población activa como la de Orense
– y tan pocos accidentes de carretera
   como Teruel.
¡Demasiado para una sola provincia . . .! 30

«Blanco y Negro»

70

Movimientos interiores

En nuestro siglo aparecen unas provincias sistemáticamente emisoras de población, prácticamente toda la España interior (excepto Madrid, Lérida, Zaragoza, Ciudad Real y Córdoba) y además algunas provincias costeras más pobres y pobladas como las gallegas, Andalucía oriental y Murcia.

Junto a ellas aparecen otras sistemáticamente receptoras de población (Barcelona, Madrid, Guipúzcoa, Vizcaya), que son los centros de industrialización histórica. Se señalan también «provincias de recepción creciente» (Alava, Baleares, Gerona, Tarragona, País Valenciano).

La opción española al progreso económico ha estado en los últimos años en la línea de «llevar la población a los recursos» y no al revés. En favor de esta decisión está la dificultad de las comunicaciones, la creciente dependencia económica del exterior (lo que obliga a poblar las costas) y la escasa o nula trasportabilidad de ciertos recursos, como las zonas aptas para el turismo.

La emigración, hasta 1950, se dirige hacia otros países, siendo la corriente principal la de los gallegos y asturianos que se van a «hacer la América». A partir de los años cincuenta, y aunque tiene lugar una gran corriente de emigrantes hacia los países traspirenaicos, a largo plazo tiene mayor importancia cuantitativa la corriente que se dirige de las provincias más pobres hacia las provincias con mayor concentración urbana e industrial.

Amando de Miguel, «La pirámide social española»

71

Canciones vascas

La mayoría de las canciones vascas son bailables. El baile ha sido importante en el país, por lo cual Voltaire dijo, con mucha gracia, que el pueblo vasco era un pequeño pueblo, no que vivía, sino que bailaba en la cumbre de los Pirineos. En el país vasco, naturalmente, la música popular tiene que ser de campo. Canciones en vasco, de ciudad, únicamente hay algunas donostiarras.

Una canción vasca que ha llegado hasta Madrid es la de la pescadora que viene de Santurce a Bilbao luciendo la pantorrilla y vende sardinas: ¡Ah, sardinitas, qué ricas son! Esta canción parece una estampa del siglo XIX.

Pío Baroja (1872–1956), escritor vasco

Algunos «gentilicios»

donostiarra	de San Sebastián
salmantino	de Salamanca
gaditano	de Cádiz
abulense	de Avila
madrileño	de Madrid
complutense	de Alcalá de Henares

Desde Santurce
(Viscaya)

Tpo. de Vals.

Des - de San - tur - sea Bil - ba - o _____
La del se - gun - do me lla - ma _____

ven - go por to - da lao - ri - lla, _____ con mi fal -
la del pri - me - ro tam - bién, _____ la del ter -

- da re - man - ga - da _____ lu - sien - do la pan - to -
- ce - ro me di - ce: _____ ¿ a có - mo las ven - deus

- rri - lla. _____ Ven - go de pri - say co - rrien - do _____
- té? _____ Yo le con - tes - to quea cua - tro, _____

_____ sin que meo - pri - mael cor - sé _____
e - lla me di - ce quea tres, _____

voy gri - tan - do por las ca - lles. _____
co - jo la ces - tay le di - go: ¡Sar - di - na

fres - cu - é! _____ Mis sar - di - ni - tas qué ri - cas

son _____ son de San - tur - se las trai - go yo.

J. de Juan del Águila, »Las canciones del pueblo español«

unidad 16

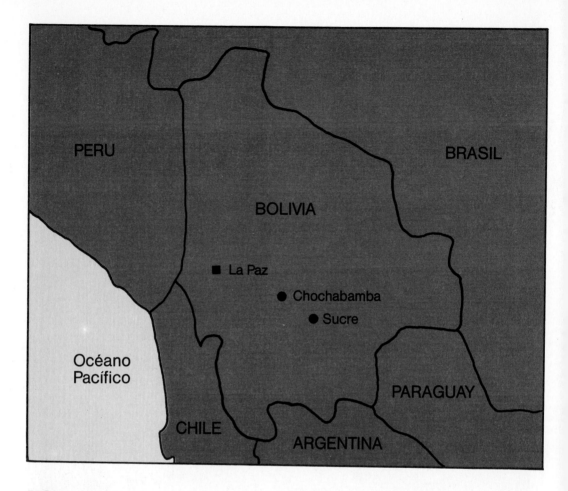

73
Bolivia

Más del 60% de la población se dedica a la agricultura, la cual se practica todavía en grandes zonas mediante el empleo de métodos primitivos que obligan a grandes esfuer-
5 zos y producen en cambio escaso rendimiento. Aparte existe el problema del latifundio, hasta el extremo de que el 92% de la superfi-
cie cultivada es propiedad del 6% del número total de propietarios. Teniendo en cuenta esta situación, el gobierno ha emprendido 10 una reforma agraria que tiene por objeto el reparto más equitativo de las tierras y su mejor aprovechamiento. La ganadería es insuficiente para las necesidades del país. Típicas de las regiones andinas son las llamas, las al- 15 pacas y las vicuñas, animales muy sobrios que apenas precisan cuidados y que sirven al indio tanto como animales de carga como por la lana que de ellos se obtiene, especialmente fina la de alpaca y vicuña. 20

Según «Enciclopedia Sopena»

Madrid - Chamartín

Andén	Destinación	Salida	Correspondencia	Tren	Llegada
7	San Sebastián	9-51	Venta de Baños	T.E.R.	11-18
	Santander				
4	Oviedo	14-41		Ferrobus	16-19
	Salamanca				
11	Santiago	16-06		Expreso	17-52
	Burgos				
8	Pamplona	18-31	Jaca	Talgo	23-41
	Paris				

Madrid - Chamartín

Andén	Destinación	Salida	Correspondencia	Tren	Llegada
	San Sebastián				
6	Santander	11-28		Expreso	14-38
	Oviedo				
9	Salamanca	15-49	Segovia	T.E.R.	18-09
	Santiago				
7	Burgos	17-17	Vitoria	Rápido	20-07
	Pamplona				
2	Paris	18-10		Talgo	20-40

74

Potosí: el ciclo de la plata

En sus épocas de auge, a la mitad del siglo XVII, la ciudad había congregado muchísimos pintores y artesanos, españoles o nativos, maestros europeos y criollos o imagineros indígenas que imprimieron su sello al arte colonial americano. Melchor Pérez de Holguín, el Greco de América, dejó una vasta obra religiosa que a la vez demuestra el talento de su creador y el aliento pagano de estas tierras: se hace difícil olvidar, por ejemplo, a la espléndida virgen María que, con los brazos abiertos, da de mamar con un pecho al niño Jesús y con el otro a San José. (. . .) Estas iglesias descuidadas, cerradas ya en su mayoría, se están viniendo abajo, aplastadas por los años. Es una lástima, porque constituyen todavía, aunque hayan sido saqueadas, formidables tesoros en pie de un arte colonial que funde todos los estilos, valiosísimo en el genio y en la herejía: la cruz junto al sagrado sol y la sagrada luna, las vírgenes y los santos con pelo natural, las uvas y las espigas enroscadas en las columnas, junto con la *kantuta,* la flor imperial de los incas, Baco y la fiesta de la vida alternando con el ascetismo romántico, los rostros morenos de algunas divinidades y las cariátides de rasgos indígenas. Hay iglesias que han sido reacondicionadas para prestar otros servicios: la iglesia de San Ambrosio se ha convertido en el cine Omiste; en febrero de 1970, sobre los bajorrelieves barrocos del frente, se anunciaba el próximo estreno: «El mundo está loco, loco, loco».

De Eduardo Galeano, uruguayo, «Las venas abiertas de América Latina»

75

Tres héroes

Hay hombres que viven contentos aunque vivan sin decoro. Hay otros que padecen cuando ven que los hombres viven sin decoro a su alrededor. Cuando hay muchos hombres
5 sin decoro, hay siempre otros que tienen en sí el decoro de muchos hombres. Estos hombres son los que se rebelan con fuerza terrible contra los que les roban a los pueblos su libertad, que es robarles a los hombres su decoro.
10 En esos hombres va la dignidad humana. Esos hombres son sagrados.

Estos tres hombres son sagrados: Bolívar, de Venezuela; San Martín, del Río de la Plata; Hidalgo, de México. Se les deben perdonar sus errores, porque el bien que hicieron fue 15 más que sus faltas. Los hombres no pueden ser más perfectos que el sol. El sol quema con la misma luz con que calienta. El sol tiene manchas. Los desagradecidos no hablan más que de las manchas. Los agradecidos hablan 20 de la luz.

Bolívar era pequeño de cuerpo. Los ojos le relampagueaban y las palabras se le salían de los labios. Parecía como si estuviera esperando siempre la hora de montar a caballo. Era 25 su país, su país oprimido, que le pesaba en el corazón, y no le dejaba vivir en paz. La América entera estaba como despertando. Un hombre solo no vale nunca más que un pueblo entero; pero hay hombres que no se 30 cansan cuando su pueblo se cansa, y que se deciden a la guerra antes que los pueblos. Ese fue el mérito de Bolívar, que no se cansó cuando parecía que Venezuela se cansaba.

³⁵ Lo habían derrotado los españoles: lo habían echado del país. El se fue a una isla, a ver su tierra de cerca, a pensar en su tierra.

Volvió un día a pelear, con trescientos héroes, con los trescientos libertadores. Liber-⁴⁰ tó a Venezuela. Libertó a la Nueva Granada. Libertó al Ecuador. Libertó al Perú. Fundó una nación nueva, la nación de Bolivia. Ganó batallas sublimes con soldados descalzos y medio desnudos. Bolívar no defendió con ⁴⁵ tanto fuego el derecho de los hombres a gobernarse por sí mismos, como el derecho de América a ser libre.

José Marti, cubano, (1853–1895), de «Nuestra América»

◀ *Simón Bolívar*
◀◀ *José de San Martín*
▼ *Miguel Hidalgo y Costilla*

76

El sueño de Pancho Villa

«Cuando se establezca la nueva República, no habrá más ejército en México. Los ejércitos son los más grandes apoyos de la tiranía. No puede haber dictador sin su ejército. Serán establecidas en toda la República co-⁵lonias militares, formadas por veteranos de la Revolución. El Estado les dará posesión de tierras agrícolas y creará grandes empresas industriales para darles trabajo. Laborarán tres días de la semana y lo harán duro, ¹⁰porque el trabajo honrado es más importante que el pelear y sólo el trabajo así produce buenos ciudadanos. En los otros días recibirán instrucción militar, la que, a su vez, impartirán a todo el pueblo para enseñarlo a ¹⁵pelear. Entonces, cuando la Patria sea invadida, únicamente con tomar el teléfono desde el Palacio Nacional en la ciudad de México, en medio día se levantará todo el pueblo mexicano de sus campos y fábricas, bien ar-²⁰mado, equipado y organizado para defender a sus hijos y a sus hogares. Mi ambición es vivir mi vida en una de esas colonias militares, entre mis compañeros a quienes quiero, que han sufrido tanto y tan hondo conmigo. ²⁵Creo que desearía que el gobierno estableciera una fábrica para curtir cueros, donde pudiéramos hacer buenas sillas y frenos, porque sé cómo hacerlos; el resto del tiempo desearía trabajar en mi pequeña granja, criando ³⁰ganado y sembrando maíz. Sería magnífico, yo creo, ayudar a hacer de México un lugar feliz.»

Esta declaración hecha por Villa habla por sí sola, expresivamente, del sueño patriótico y ³⁵generoso del luchador de la Revolución.

No se cumplió así su vida, de todos modos.
Francisco Villa, que se había echado al monte siendo un muchacho de dieciséis años, si-
40 guió en el monte hasta 1920. Le habían pros-
crito como bandido al principio, y le proscri-
bieron como rebelde al final.

A otro hombre como él, otro hombre que
también lo había dado todo por la Revolu-
45 ción, Emiliano Zapata, lo habían asesinado
en 1919. A Francisco Villa lo asesinaron en
1923.

77

Un país
de grandes
posibilidades

En medio de la Plaza Murillo de La Paz hay
un farol. Por las noches está iluminado. En
este farol, hace unos treinta años, el presidente Gualberto Villarroel fue colgado pú-
5   blicamente. Era uno de los mejores presiden-
tes. Uno de los 65 que ha tenido Bolivia en
los últimos ciento cincuenta años. Un buen
presidente lo era también Germán Busch; se
pegó un tiro, en agosto de 1939, durante una
10 fiesta que daba en su residencia, diciendo antes a sus invitados: «Ahora presenciarán cómo muere un presidente de Bolivia.» El peor
de todos, el tirano Melgarejo, fue asesinado
por el hermano de su amante; su sucesor
15 moriría bajo las balas de su propio sobrino.
También lejos de su patria, la vida de los
políticos bolivianos es peligrosa. A Juan

Mineros bolivianos yendo al trabajo

Torres, un presidente progresista, aunque bastante caótico, le mataron en Buenos Aires estando ya en el exilio. Sin embargo, en el verano de 1980, catorce candidatos se presentaban a las elecciones, al tiempo que otros ciudadanos — de los de uniforme — intentaban conseguir el mismo puesto por un camino más rápido con ayuda de tanques y metralletas . . .

La historia de Bolivia es dura y amarga, como la vida misma de los campesinos del altiplano o la de los mineros de estaño, plomo y plata.

Al minero se le teme y se le admira al mismo tiempo en Bolivia. Se admiran sus legendarias luchas, su solidaridad; se temen sus sangrientas rebeliones. A pocos kilómetros de Siglo XX, en Llallagua, hay estacionado un regimiento del Ejército. Sin embargo, los soldados evitan ir a la mina. Dar un paseo por allí en uniforme puede significar perder la vida. Y siempre que el Ejército entra allí corre la sangre. Las masacres son una de las constantes de la historia moderna de Bolivia. El arma del minero es la dinamita. Con explosiones de dinamita se saluda a las visitas en los centros mineros. Al minero le gusta demostrar su habilidad en manejarla. Se ponen un cinturón cargado de dinamita y se lo quitan unos segundos antes de la explosión, tirándolo al aire. Más de un minero se quitó la vida en público con un cinturón de dinamita, una vida que le parecía sin sentido. La vida de un minero no suele sobrepasar los treinta años. «Miren ese medio muerto — nos dice un funcionario del sindicato que nos acompaña en nuestra visita a la mina, señalando a un hombre que aparenta unos sesenta años —, a sus treinta y un años se ha pasado más de catorce en la mina. En cuatro años estará muerto de verdad.» El hombre le oye y asiente.

Las condiciones de extrema pobreza y la falta de esperanza son sin duda las causas de la lucha a veces brutal de los mineros. Sin embargo, el minero tiene unas metas muy concretas en su lucha política. El sindicato es uno de los grupos de presión más fuertes en la vida política del país, y su presidente suele siempre ser un líder de los mineros. Una huelga de hambre organizada por las mujeres de los mineros acabó con el dictador Banzer. Domitila de Chungara, hoy día conocida en todo el mundo por su libro *Si me permiten hablar,* dirigió la huelga.

A pesar de la vida que llevan, los mineros son envidiados por otros hombres: Muchos campesinos intentan conseguir un puesto de trabajo en una mina. La revolución de 1952 liberó a los campesinos jurídicamente de su dependencia casi feudal, convirtiéndolos en pequeños propietarios agrícolas, pero la reforma agraria no les liberó ni del hambre ni de la pobreza, porque no les dio los medios para hacer productiva esa tierra que se les daba. Los campesinos, en su mayoría indios, se sienten peor tratados que nadie en el país. Casi todos son miembros del sindicato. Su arma no es la dinamita, sino el bloqueo de caminos y carreteras. Cuando el Gobierno toma medidas que rechazan, impiden así la entrada de alimentos a las ciudades.

En este país, de una extensión cuatro veces mayor que Alemania, hay regiones difíciles de alcanzar, que están todavía sin explotar. Se piensa que contienen enormes riquezas bajo tierra, también que contienen petróleo. Y las grandes zonas tropicales y subtropicales del este ofrecen grandes posibilidades de explotación agrícola. Bolivia podría llegar a ser un país lleno de bienestar . . .

Según un artículo de W. Haubrich, publicado en FAZ

Impresiones bolivianas

1 El «Altiplano» (3.500 m) es la vasta meseta de los Andes de Bolivia.
2 Situada a 3.658 metros de altitud, La Paz es la capital más alta del mundo.
3 El Mercado de las Brujas de La Paz ofrece remedios contra todos los males
del mundo.
4 La Puerta del Sol, en las ruinas de Tiahuanaco, es uno de los testimonios
más antiguos de una civilización anterior a los Incas.

78

Lamento de la vicuña

(Yaraví)

Letra y música: folklore

Maldigo mi suerte
de ser vicuñita,
todos me persiguen
sólo por mi lana.

Mi lana la tuercen,
mi carne la asan,
no sé qué cosa ya quieren
con mi mala suerte.

Vengo por las punas
comiendo pajita,
como vicuñita
por las cordilleras.

Yo no soy taruca
para tener cuerno,
yo soy vicuñita
de amor verdadero.

unidad 17

79

Monarquía,___
_democracia,___
___autonomías

• Dos días después de la muerte de Franco, el 20 de noviembre de 1975, es nombrado rey de España don Juan Carlos de Borbón.

• El 12 de diciembre de 1975 se forma el primer gobierno de la monarquía.

• En junio de 1977 se celebran las primeras elecciones generales democráticas. El Congreso elegido se compone de 350 diputados:
UCD (Unión de Centro Democrático)　165
PSOE (Partido Socialista Obrero Esp.)　118
PCE (Partido Comunista de España)　20
AP (Alianza Popular)　16
Alfonso Suárez es Presidente del Gobierno.

• En octubre de 1978, los 350 diputados del Congreso y 248 senadores aprueban la Constitución. En diciembre del mismo año, el pueblo español la aprueba en un Referéndum.

• La democracia hace posible una descentralización del poder. La Constitución «reconoce y garantiza el derecho a la autonomía de las nacionalidades y regiones» de España. Una ley de 1980 establece la ayuda económica a los gobiernos autonómicos para evitar discriminaciones entre territorios ricos y pobres.

• En octubre de 1982 se celebran elecciones generales. EL PSOE consigue la mayoría absoluta, el UCD desaparece por completo del Parlamento. Felipe González es investido Presidente del Gobierno.

80

Los hijos de los vencidos

En el prólogo a su obra «Los hijos de los vencidos», Lidia Falcón O'Neill (nacida en 1935), conocida feminista española, da esta visión de la etapa histórica que vivió después de la guerra civil española (1936−1939).

El 17 de noviembre de 1972 Enriqueta O'Neill decidió acabar con la tragedia de su vida, mientras yo me encontraba aislada en la prisión de mujeres de la Trinidad de Barcelona. Mejor que yo Eliseo Bayo, que recibió la noticia de mí misma, expresó en una carta lo que todos sentíamos:

«Todavía no me he recuperado ni creo que lo conseguiré en muchos días. Si yo he llorado con las historias del pueblo español, si he conocido millares de vidas destrozadas, si me he asomado al tremendo pozo negro, a la larga noche de estos treinta y cinco años, ¿cómo no he de llorar con la historia de aquel grupo de mujeres que constituía tu familia, rodeadas de peligros, desoladoramente solas en la posguerra, obligadas a vivir en un infierno? Tu madre, hoy por hoy, es la última víctima de estos treinta y cinco años. Yo creo que no ha muerto ahora, ahora simplemente ha dejado de sufrir, se ha ido a reposar definitivamente. Murió en verdad en 1939, cuando tuvo que tragarse toda la mediocridad, toda la falsedad y todos los crímenes que se cometían entonces. Murió muchas veces a la vez, porque fue traicionada y olvidada por los suyos, porque era de los derrotados, porque era mujer. Su vida desde 1939 hasta el miércoles pasado no le pertenecía . . .

¿Podíamos haber hecho algo más por ella? Esa es la pregunta que no me dejará dormir hoy. Trato de justificarme diciéndome que con los muertos, o mejor dicho con los asesinados, no se puede hacer nada salvo protestar contra los que han hecho posible estas cosas . . .»

81

Hijos de papá

En el prólogo a su obra «Hijos de papá» publicada en 1979, Fernando Vizcaíno Casas, autor de gran éxito, da su visión de la etapa histórica que vivió después de la guerra civil española.

Hemos sido una generación desgraciada. Hablo de quienes estamos ahora por los cincuenta años, edad, por otra parte, altamente estimable. No participamos activamente en la guerra civil, por lo cual perdimos la posibilidad de presumir después de glorias y heroísmos. Pero sufrimos todas las desgracias de aquella guerra, en nuestra infancia, atormentada sin juguetes, con tristeza y hambre a nuestro alrededor.

Fuimos en la posguerra los mayores perjudicados por las estrecheces, así físicas como morales.

Esta generación mía, esta generación nuestra, ni siquiera tiene una denominación oficial.

Hay generaciones consagradas, como la del 98, como la del 27, como la del 36. A la nuestra se le ha llamado «la generación puente», «la generación frustrada», la «del silencio». Y en el colmo de las degradaciones, «la generación sin nombre».

Y sin embargo, pienso que fue la nuestra una estupenda generación, gracias a la cual este país alcanzó cotas de prosperidad como nunca había soñado. Porque entregamos nuestra juventud a la ilusión de una hermosa tarea comunitaria de reconstrucción. Todos: los hijos de los vencedores y los hijos de los vencidos. Gracias a eso, sacamos adelante a España, en unos momentos tremendos que ahora es difícil (si no imposible) comprender a distancia.

Las generaciones que nos continuaron parece como si quisieran borrar todo lo que nosotros hicimos; como si se avergonzaran de nosotros. Pocos de nuestros hijos intentan, al menos, comprendernos. Pocos se paran a meditar las razones por las cuales ellos gozan de una libertad absoluta, cuando nosotros, a sus años, estábamos sometidos a toda clase de frenos y limitaciones . . .

82

Antonio Mingote

Antonio Mingote, uno de los más inteligentes cronistas de la vida diaria española, con sus chistes críticos, habla del humor y de su posible deterioro en los últimos años.

5   ¿Se ha deteriorado el humor o es la convivencia la que está deteriorada?

Una parte importante de españoles hemos estado mucho tiempo suspirando por la libertad. ¿Pero sabemos los españoles manejar la
10 libertad ahora que aproximadamente la tenemos? En lo único que nos hemos puesto de acuerdo los españoles de todas las ideologías ha sido en escribir letreros en las paredes y ver señoras en pelota. Supongo que en esto
15 estamos conformes, pero no se pueden hacer chistes sobre unos y otros sin tener que temer reacciones muy violentas de éstos o aquéllos. Entonces, ¿hay que hacer chistes de suegras? El humorista se niega a tal infamia. Dicen que está deteriorado el humor. Está deterio- 2
rada la libertad.

El humorista, que no es un intelectual pero que reflexiona sobre las cosas a su manera y cuenta después las reflexiones que le parecen más divertidas o útiles, se encuentra con 2
fanatismos insoportables, con incomprensiones que francamente no le facilitan su trabajo, que consiste en comunicarse con su público. Mientras haya personas que, en vez de ver el trabajo del humorista para reírse más o 3
menos con él, lo vean para decidir si el autor merece que le den una medalla o que le peguen cuatro tiros, el humor sufrirá. En estas circunstancias yo tengo que esforzarme muchas veces para no regalarle mi lápiz a un 3
pobre y echarme a llorar. ¿Está deteriorado el humor? Estoy deteriorado yo . . .

«ABC»

—A mí no me gustaría ir a la Luna sabiendo que aquéllo no reúne condiciones para vivir.

LAS AUTONOMIAS
—Si por lo menos los madrileños pudiéramos hacernos independientes de Madrid...

«RODRIGUEZ»
—Quiero una foto que tranquilice a mi mujer, pero que no le dé tanta pena como
para hacerle volver en seguida.

83

Los «tacos»

Lo que hace veinte años se consideraba como «palabras feas», que las mujeres no usaban nunca y que los señores más o menos educados usaban sólo cuando estaban entre ellos,
5 es sin duda un capítulo difícil para el estudiante del español: La traducción literal de esas «palabrotas» no sirve para nada, porque los españoles suelen usarlas como una especie de interjección y sin pensar en su sentido
10 original. La conversación normal entre españoles (y hoy día también entre españolas) está llena de esas palabras que hace algunos años ni siquiera se mencionaban en los mejores diccionarios españoles. Estos «tacos» han
15 sido estudiados a fondo en el famoso «Diccionario secreto» de Camilo José Cela. Algunos de ellos salen en el texto que sigue, de Miguel Delibes.

84

El disputado voto del señor Cayo

«El disputado voto del señor Cayo», pequeña sátira profunda y realista, trata de poner en evidencia el contraste entre dos culturas: una que desaparece, la de la vida rural (repre-
5 *sentada por el señor Cayo, uno de los dos vecinos que quedan en un pueblo al norte de Castilla, con su vida casi robinsoniana y su hablar tranquilo), y otra, la de la gran ciudad*

ruidosa, masificada, llena de tópicos (repre-
10 *sentada por los personajes de Laly, Rafa y Víctor, de lenguaje crudo y desenfadado). Estos, durante la campaña electoral en 1977 visitan el pueblo del señor Cayo en busca de votos para su partido político. El señor Cayo*
15 *les invita a beber un vaso de vino y se entabla entre los jóvenes y el viejo campesino una larga conversación.*

Volvió a llenar las tazas el señor Cayo. Luego se levantó, salió y volvió con una brazada de leña que depositó sobre las brasas, en el ho-
20 gar:
– ¿Todavía tienen frío? – preguntó.
Víctor se palpó el bajo de los pantalones, que humeaban:
– Ya están casi secos. – dijo.
25 Laly miró en derredor y dijo:
– ¿No tienen ustedes televisión?
El señor Cayo, la miró de abajo arriba:
– ¿Televisión? ¿Para qué queremos nosotros televisión?
30 Laly trató de sonreír:
– ¡Qué sé yo! ¡Para entretenerse un rato!
Dijo Rafa, después de mirar en torno:
– ¿Y radio? ¿Tampoco tienen radio?
– Tampoco, no señor. ¿Para qué?
35 Rafa se alteró todo:
– Joder, ¡para qué! Para saber en qué mundo viven.
Sonrió socarronamente el señor Cayo:
– ¿Es que piensa usted que el señor Cayo no
40 sabe en qué mundo vive?
– Tampoco es eso, joder, pero no estar incomunicados, digo yo.
– Entonces, señor Cayo, ¿pasan meses sin que oiga usted una voz humana?
45 – ¡Qiá, no señor! Los días 15 de cada mes baja Manolo.
– ¿Qué Manolo?
– El de la Coca-Cola.

– Pero si usted no lee, ni oye la radio, ni ve la televisión, ¿qué hace aquí en invierno?

– Mire, labores no faltan.

Víctor y Rafa bebían sin cesar. Dijo Víctor:

– Este vino entra bien.

– Es de la tierra.

– ¿De aquí?

– Como quien dice, de la parte de Palacios.

A Víctor le ganaba por momentos una locuacidad expansiva:

– Pero tal como se explica, señor Cayo, usted aquí ni pún. Así se hunda el mundo usted ni se entera.

– ¡Toó! Y ¿qué quiere que le haga yo si el mundo se hunde?

– Bueno, es una manera de decir . . .

– Un ejemplo, señor Cayo, la noche que murió Franco usted dormiría tan tranqui-

lo . . .

– Ande, ¿y por qué no?

70 – No se enteró de nada.

– Qué hacer si enterarme. Manolo me lo dijo.

– Jo, ¡Manolo! ¿No dice usted que Manolo baja con la furgoneta a mediados de mes?

75 – Así es, sí señor, los días 15, salvo si cae en domingo.

– Pues usted me dirá, Franco murió el 20 de noviembre, de forma que se tiró usted cuatro semanas en la inopia.

80 – Y ¿qué prisa corría?

– Joder, ¡qué prisa corría!

Laly alzó su voz apaciguadora:

– ¿Y qué pensó usted, señor Cayo?

– Pensar, ¿de qué?

85 – De Franco, de que hubiera muerto.

El señor Cayo dibujó con sus grandes manos un movimiento ambiguo.

– Mire, para decir la verdad. A mí ese señor me cogía un poco a trasmano.

90 – ¿Pero la noticia era importante, no? Nada menos que pasar de la dictadura a la democracia.

– Eso dicen en Refico.

– ¿Y usted qué dice?

95 – Que bueno.

– De todos modos al comunicárselo Manolo algo pensaría usted.

– ¿De lo de Franco?

– Claro.

100 – Mire, como pensar, que le habrían dado tierra. Ahí sí que somos todos iguales.

Rafa bebió otra taza de vino. Dijo excitado:

– Pues ahora tendrá usted que participar, señor Cayo, no le queda más remedio. ¿Y ha

105 pensado usted qué va a votar?

El señor Cayo introdujo un dedo bajo la boina y se rascó la cabeza. Murmuró al fin:

– Lo más seguro es que vote que sí, a ver, si todavía vamos a andar con rencores . . .

Rafa se echó a reír. Levantó la voz:

– Que eso era antes, joder, señor Cayo. Esos eran inventos de Franco, ahora es diferente, que no sabe usted ni de qué va la fiesta.

– Eso. – dijo humildemente el señor Cayo.

La voz de Rafa se iba haciendo cada vez más cálida, hasta alcanzar un tono mitinesco:

– Ahora es un problema de opciones, ¿me entiende? Hay partidos para todos y usted debe votar la opción que más le convenga. Nosotros, por ejemplo. Nosotros aspiramos a redimir al proletariado, al campesino. Mis amigos son los candidatos de una opción, la opción del pueblo, la opción de los pobres, así de fácil.

El señor Cayo le observaba con concentrada atención, como si asistiera a un espectáculo, con una chispita de perplejidad en la mirada. Dijo tímidamente:

– Pero yo no soy pobre.

Rafa se desconcertó:

– ¡Ah! – dijo – entonces usted ¿no necesita nada?

– ¡Hombre! como necesitar, mire, que pare de llover y apriete el calor.

Víctor se incorporó a medias. Se dirigió a Rafa.

– No te enrolles, macho, déjalo ya.

– El país ahora es libre. Por primera vez en cuarenta años vamos a hacer con él lo que nos parezca razonable, ¿entiende? Pero algo que funcione. Su mujer, usted, yo, todos vamos a decidir cómo queremos gobernarnos, si dejamos los resortes del poder en manos de los de siempre, o si se los entregamos al pueblo . . .

Víctor repitió:

– Déjalo, Rafa, coño, es suficiente.

M. Delibes, «El disputado voto del señor Cayo»

unidad 18

85

Cuba

Cristóbal Colón reconoció las costas de Cuba en su primer viaje, dándole el nombre de Juana, pero la conquista de la isla no se inició hasta 1511, cuando cesó la búsqueda de oro
5 en la isla de Santo Domingo. Esta fue dirigida por Diego Velázquez, al que acompañaban Hernán Cortés, Bernal Díaz del Castillo, Pedro de Alvarado, Bartolomé de las Casas y 300 soldados. La resistencia de los indocubanos fue pronto dominada y tras su derrota, el 10 trato discriminatorio y las epidemias de origen europeo determinaron su rápido exterminio (en 1540 quedaban sólo 5.000 indios, y en 1570 apenas un millar), por lo cual se trajeron cantidades masivas de negros, destina- 15 dos a trabajos forzados. Sometido ya el país se fundaron varias ciudades, entre ellas, San Cristóbal de la Habana (1515).

Según «Enciclopedia Sopena»

86

Rito de Sikan y Ekué

Ekué era sagrado y vivía en un río sagrado. Un día vino Sikan al río. El nombre de Sikan podía querer decir curiosa — o nada más que mujer. Sikan, como buena mujer, era no sólo
5 curiosa, sino indiscreta. Pero ¿es que hay algún curioso discreto?
Sikan vino al río y oyó el ruido sagrado que solamente conocían unos cuantos hombres de Efó. Sikan oyó y oyó — y luego contó. Lo
10 dijo todo a su padre, que no la creyó, porque Sikan contaba cuentos. Sikan volvió al río y oyó y ahora vio. Vio a Ekué y oyó a Ekué y contó a Ekué. Para que su padre la creyera persiguió al sagrado Ekué con su jícara (que
15 era para tomar agua) y alcanzó a Ekué, que no estaba hecho para huir. Sikan trajo a Ekué al pueblo, y su padre la creyó.
Cuando los pocos hombres de Efó (no hay que repetir los nombres) vinieron al río a
20 hablar con Ekué no lo encontraron. Por los árboles supieron que lo hicieron huir, que lo habían perseguido, que Sikan lo atrapó y llevó a Efó en la jícara del agua. Esto era un crimen. Pero dejar que Ekué hablara sin tapar los oídos profanos y contar su secreto y ser 2 una mujer (¿pero quién si no podía hacer semejante cosa?) era más que un crimen. Era un sacrilegio.
Sikan pagó con su pellejo la profanación. Pagó con su vida, pero también pagó con su 3 pellejo. Ekué murió, algunos dicen que de vergüenza por dejarse atrapar por una mujer o de mortificación al viajar dentro de una jícara. Otros dicen que murió sofocado, en la carrera — no estaba, definitivamente, hecho 3 para correr. Pero con su piel se encueró el «ekué», que habla ahora en las fiestas de iniciados y es mágico. La piel de Sikan la Indiscreta se usó en otro tambor que no debe hablar, porque sufre todavía el castigo de los 4 lengua-largas. Como es una mujer, hay que adornarlo lindo con flores y collares y cauris. Nadie lo toca, y solo no puede hablar. Es secreto y tabú y se llama «seseribo».

Guillermo Cabrera Infante, cubano, «Tres tristes tigres»

87

Búsqueda de identidad

La esclavitud en América desarraiga al negro de su continente nativo y le lleva a enfrentarse a un orden social completamente diferente del suyo. Llevado en situación de inferioridad a tierras extrañas, el negro es víctima de fuerzas superiores y tiene que buscar en el ámbito americano los factores que le permitan establecer su identidad en el nuevo continente.

La música será una vía de grandes posibilidades para la afirmación de la raza negra en sus tradiciones. La conservación de instrumentos y ritmos, permitió la creación de nuevos bailes y cantos de honda significación ancestral.

Un elemento de extremada importancia también es el de la naturaleza. El trópico permite al negro encontrar asiento propicio para la nostalgia de las selvas africanas: la variedad de plantas, el misterio de los ríos y lagunas, la diversa fauna tropical, son el ámbito propicio para la reconstrucción de sus ritos y la continuación de la magia y el curanderismo.

La tradición religiosa africana, vigente en forma más o menos secreta durante el período colonial, y conservada más abiertamente durante la república, presenta dos aspectos: uno, puro, que mantiene rituales y creencias ancestrales, y otro en el que hay una mezcla de la religión africana con el catolicismo.

Siendo la religión uno de los más poderosos factores en la afirmación de la identidad espiritual, los poetas afroantillanos la sacan de su

ámbito secreto enumerando abiertamente
35 sus dioses, repitiendo sus palabras mágicas y
dando a conocer sus rituales. Otro aspecto de
la poesía antillana en que se define el conflicto de identidad es el de la protesta social. El
negro sumiso de la época de la esclavitud se
40 transforma en un ser que se queja con dolido
acento de la discriminación, de la injusticia,
de la explotación, de la intromisión extranje-
ra.
En «Sabas», Nicolás Guillén aconseja al ne-
45 gro que abandone su actitud mendicante y re-
clame lo que es suyo:

> Coge tu pan, pero no lo pidas;
> coge tu luz, coge tu esperanza cierta
> como a un caballo por las bridas.
50 Plántate en medio de la puerta,
> pero no con la mano abierta,
> ni con tu cordura de loco:
> aunque te den el pan, el pan es poco,
> y menos ese pan de puerta en puerta.

Rosa M. Cabrera, «Homenaje a Lydia Cabrera»

88

La señora Condesa

*Enrique, joven estudiante de arquitectura en
la Cuba del dictador Machado, en los años 30,
perteneciente a una aristocrática familia,
mantiene la última conversación con su tía,
antes de tener que abandonar el país.*

Después de un larguísimo viaje en tren —
¡nunca me había dado cuenta, como esta vez,
de lo larga que era mi estrecha isla! — había
tomado notas que ahora metía presurosamente en una cartera de cuero, después de   1
releerlas, pues el auto paraba frente a mi casa. Pero ya Venancio venía a mi encuentro,
tomando mi maleta: — «La Señora Condesa
quiere hablarle. Con toda urgencia. Suba a
su cuarto ahora mismo.» Y, bajando la voz: 1

«Debo advertirle, caballero, que la Señora Condesa está encabronada. Los «joder» y los «puñetas» le salen por arrobas . . . y al estilo madrileño.» (Mi tía, en efecto, de tanto codearse con la nobleza española, había adquirido el hábito, tenido por gracioso entre gente de título y blasón, de usar, en momentos de buen humor o de ira, un vocabulario de arrieros que seguía teniendo, en su boca, un inauténtico sonido de cosa importada . . .). Subí presurosamente. Cristina y Leonarda, ayudadas por dos costureras, acababan de retocar el suntuoso vestido de encaje fucsia puesto sobre el diván (. . .). Y envuelta en una bata de un rojo cardenalicio, entre pontifical y Eugenia de Montijo, apareció mi tía con la cara que enarbolaba en momentos de grandes cóleras. — «¡Buena la has hecho, conspirador de mierda, agitador, petardista, laborante, renegado, enemigo del orden, ácrata, traidor de tu casta! ¡Ay! . . . ¡Bien hizo tu santa madre en morir antes de ver esto!» Yo estaba acostumbrado a estos estallidos trágicos, por motivos tan nimios, a veces, que resultaban cómicos cuando se trataba del drama de un peinado fallido, de un refajo mal planchado o un error de nombres, en crónica mundana, al enumerarse los invitados a una comida suya. Pero lo de hoy parecía un caso de mayor gravedad . . . En este día en que toda la Sociedad de La Habana se iba a reunir en sus jardines, se había presentado la policía en esta casa. Sí. La Policía. Y — aunque con todo respeto y excusándose mucho — los de la Judicial habían registrado mi habitación, hallando algunas proclamas subversivas, injurias para la persona del Primer Magistrado de la Nación, engendros de la cochina Universidad que nos gastábamos, universidad mulata, abierta a toda la morralla, incubadora de revolucionarios, donde me había empeñado en estudiar yo, cuando me hubiese sido posible hacerlo en Yale, en Harvard, en Oxford, en Campbell

◀ Acontecimiento oficial en la Cuba actual
▼ Caseta antigua en Cuba

60 («Cambridge» − rectifiqué: «Campbell es una sopa») − «¡Y todavía se atreve a hacer chistes!». Y era Clitemnestra quien ahora me aullaba en la cara que había orden de prisión contra mí; que sólo a la bondad, a la indul-
65 gencia, a la caballerosidad del General Machado, hombre admirable, invitado desde hacía días a su fiesta, se debía que los de la Judicial se hubiesen retirado. Pero . . . (se ahogaba en jadeos). − «Pero . . . ¿en qué ha
70 quedado la cosa?» − pregunté. «Tú . . . Tú te marchaste ayer . . . huyendo al extranjero.» − «¿Ayer? Ayer estaba yo en Santiago de Cuba . . . Comí con los Bacardí» . . . − «Quiero decir que, para todo el mundo, te
75 has ido ya. Me hice garante de ti ante el Presidente. Y mañana, a las siete, vendrá un policía, de paisano, a buscarte. Y a las ocho sale un buque. Aquí tienes el pasaje» . . . − «¿A México?» − «¡Al carajo! ¡A donde sea! No
80 quiero verte más aquí. Se te pasará una mesada. Y ahora te encierras en tu cuarto y no te

asomas por ninguna parte. Estás ausente, fuera, lejos, no sé, bogando . . . Se dirá que son antojos tuyos, de niño rico, que se permi-
85 te el lujo de perderse la mejor fiesta que se haya dado en este país desde los tiempos de la Colonia . . . Fiesta que tú me has amargado . . . » − «¡Y cómo me la has amargado!» − «¿A mi cuarto, entonces?» − «¡Y bien en-
90 cerrado! Y que no se te vea la cara. ».(Ahora se volvía hacia Leonarda.) − «Que le lleven una botella de wisky. O de lo que quiera. Y de cuanto se coma abajo . . . Y alégrate de que las cosas no hayan salido peor . . . Gra-
95 cias a mí y al especial favor del General Machado, porque ya tus amigos comunistas están presos en la Isla de Pinos. Y ahora . . . ¡vete a hacer puñetas! . . . De buena te libraste . . . Un beso, a pesar de todo . . .
100 Bendición . . . Leonarda: el vestido» . . .

Alejo Carpentier, cubano, «La consagración de la primavera»

◀◀ *En una fábrica cubana de galletas*
◀ *La Habana: café en la Plaza de la antigua Catedral*

89

La experiencia cubana

En términos cuantitativos, nadie — mejor dicho, nadie que no sea un sectario — puede negar que Cuba, gracias a la Revolución, es la sociedad más igualitaria de toda América Latina, aquella en que es menor la diferencia entre los que tienen más y los que tienen menos, donde la riqueza y la pobreza están más repartidas, y, también, aquella donde se ha hecho más por garantizar la educación, la salud y el trabajo de los humildes. Ningún otro país latinoamericano ha hecho lo que Cuba, en estos veinte años, para erradicar el analfabetismo, difundir los deportes y poner la medicina, los libros, las artes al alcance de to-

dos. Y sin embargo, pese a ello, miles, o cientos de miles de cubanos preferirían marcharse y vivir en una sociedad distinta a la suya. ¿Cómo explicarlo? ¿ Cómo explicar que prefieran incluso irse al Perú, y a otros países latinoamericanos, con terribles problemas de desocupación y de pobreza, donde las diferencias económicas son enormes y donde los pobres, la inmensa mayoría, tienen una vida realmente dura?

El ideal igualitario es incompatible con el libertario. Puede haber una sociedad de hombres libres y una de hombres iguales, pero no puede haber una que compagine ambos ideales en dosis idénticas. Esta es una realidad que cuesta aceptar porque se trata de una realidad trágica, y, sobre todo, porque coloca al hombre en la difícil disyuntiva de tener que elegir entre dos aspiraciones que tienen la misma fuerza moral y que parecen ser inseparables, el anverso y el reverso de la justicia.

Cuba ha optado por el ideal igualitario, y no hay duda que ha dado pasos considerables, e incluso admirables, en esa dirección. Simultáneamente ha ido apartándose del otro ideal y convirtiéndose en un Estado donde toda la vida, individual, familiar, profesional, cultural se halla regulada, orientada por un mecanismo casi impersonal y anónimo donde se

45 han ido concentrando todos los poderes. Los
intelectuales progresistas explican que la
«verdadera libertad» consiste en tener educación, empleo, protección social, etc. y preguntan si la «libertad abstracta» de los reac-
50 cionarios le sirve de algo al campesino anal-
fabeto de los Andes, al pobre diablo de las
barriadas o al negro discriminado de los
ghettos. Pero . . la libertad es la posibilidad
de elegir entre dos opciones distintas, y no
55 sólo «positivas», sino también «negativas».
Que, entendidas en términos extremos, la libertad y la igualdad sean opciones alérgicas
la una de la otra, no puede querer decir que
estemos condenados a la injusticia. Sino,
60 simplemente, que hay que renunciar a las
utopias, a las opciones extremas.

Mario Vargas Llosa, «Los diez mil cubanos»,
en «Caretas» 597 (revista peruana)

90
Alternativas para nuestras Américas

*En «El olor de la guayaba», Plinio Apuleyo
Mendoza, amigo y antiguo compañero de trabajo de Gabriel García Márquez, habla con
éste sobre diferentes temas. Hemos escogido
algunos pasajes del capítulo «Política».*

– Pasemos a otra experiencia común: Cuba.
Trabajamos en la agencia cubana Prensa Latina. Renunciaste conmigo cuando el viejo
partido comunista empezó a tomar el control
de muchos organismos de la revolución. 1
¿Crees que aquella decisión nuestra fue correcta? ¿O consideras que se trató de un sim-

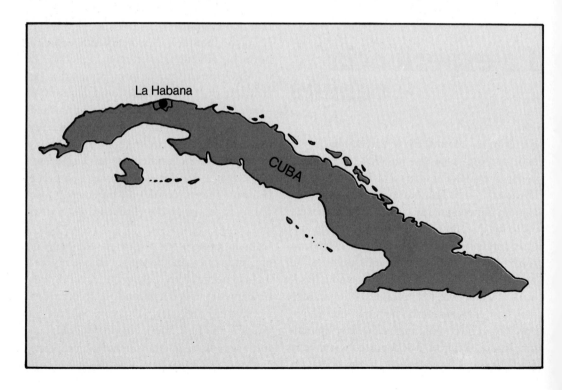

La Habana

CUBA

▲ *Paisaje en Pinar del Río*

▼ *Música africana en la Habana*

ple accidente de camino que no supimos ver como tal?

15 – Creo que nuestra decisión en Prensa Latina fue correcta. (. . .) Lo que yo hice, como recuerdas, fue marginarme en silencio, mientras seguía escribiendo mis libros y tratando de hacer guiones en México, y observando de 20 cerca y con mucha atención las evoluciones del proceso cubano. En mi opinión, esta revolución se orientó por un terreno difícil y a veces contradictorio, pero que ofrece muy buenas posibilidades para un orden social 25 más justo y democrático, y parecido a nosotros.

– ¿Estás seguro? Las mismas causas producen los mismos efectos. Si Cuba toma como modelo el sistema soviético (partido único, 30 centralismo democrático, organismos de seguridad que ejercen férreo control sobre la población, sindicatos manipulados por el poder) es de creer que este «orden más justo y democrático» sea tan discutible como en la 35 Unión Soviética. ¿No lo temes así?

– El problema del análisis está en los puntos de partida: ustedes fundan el suyo en que Cuba es un satélite soviético, y yo creo que no lo es. Hay que tratar a Fidel Castro sólo un mi-40 nuto para darse cuenta de que no obedece órdenes de nadie. Mi idea es que la revolución cubana está hace más de veinte años en situación de emergencia, y esto es por culpa de la incomprensión y hostilidad de los Estados 45 Unidos, que no se resignan a permitir este ejemplo a noventa millas de Florida. No es por culpa de la Unión Soviética, sin cuya asistencia no existiría hoy la revolución cubana. Mientras esta hostilidad persista, la situa-50 ción de Cuba no se podrá juzgar sino como un estado de emergencia que la obliga a vivir a la defensiva, y fuera de su ámbito histórico, geográfico y cultural. Cuando todo esto se normalice volveremos a hablar. (. . .)

55 – En la década de los setenta, a raíz de la detención del poeta cubano Heberto Padilla y su famosa autocrítica, algunos amigos tuyos tomamos distancia frente al régimen cubano. Tú, no. No firmaste el telegrama de protesta que enviamos, volviste a Cuba, te hiciste 60 amigo de Fidel. ¿Qué razones te llevaron a adoptar una acitud mucho más favorable hacia el régimen cubano?

– Una información mucho mejor y más directa, y una madurez política que me permite 65 una comprensión más serena, más paciente y humana de la realidad.

– Muchos escritores como tú en América Latina hablan del socialismo (marxista-leninista) como una alternativa deseable. ¿No crees 70 que sea un poco el «socialismo del abuelo»? Pues ese socialismo no es hoy una abstracción generosa, sino una realidad no muy fascinante. ¿Lo admites? Después de lo ocurrido en Polonia, no se puede creer que la clase 75 obrera esté en el poder en esos países. Entre un capitalismo podrido y un «socialismo» – entre comillas – también podrido, ¿no ves una tercera alternativa para nuestro continente? 80

– No creo en una tercera alternativa: creo en muchas, y tal vez en casi tantas como países hay en nuestras Américas, incluidos los Estados Unidos. Mi convicción es que tenemos que inventar soluciones nuestras, en las cua-85 les se aprovechen hasta donde sea posible las que otros continentes han logrado a través de una historia larga y accidentada, pero sin tratar de copiarlas de un modo mecánico, que es lo que hemos hecho hasta ahora. Al final, sin 90 remedio, ésa será una forma propia de socialismo.

Gabriel García Márquez, colombiano, «El olor de la guayaba», Conversaciones con Plinio Apuleyo Mendoza

unidad 19

91

Aspectos
de Andalucía

Entrevista con Evaristo Cabrera,
57 años, casado, dos hijas

– ¿Cuántos años tienes, Evaristo?
– 57 años, mira, los he cumplido ayer.
– Anda, muchas felicidades. ¿En qué ciudad has nacido?
5 – Soy de Motril, que está en la provincia de Granada.
– ¿Qué profesión tienes?
– Abogado.
– ¿Dónde hiciste la carrera?
10 – En Granada, y al acabar intenté en Madrid hacer unas oposiciones para diplomático, pero no pudo ser por mi fonética. Tenía un inglés fatal, un francés fatal y un español regular.
15 – . . . y un bonito acento andaluz.

– Justo. Aunque ahora, como no vivo allí, se me va quitando algo, pero en la pronunciación de las eses y de las zetas sobre todo se nota que soy andaluz.
20 – Tú que vives ahora fuera de Andalucía tal vez puedes a distancia ver mejor cómo son, cómo sois los andaluces. ¿Crees que tenéis alguna característica especial?
– Bueno, yo creo que existe una personali-
25 dad andaluza muy marcada, aunque Andalucía es muy ancha. Son ocho provincias, y entre una Huelva vecina de Portugal y una Almería hay notas muy diferentes. Pero yo creo que tenemos un sentido un
30 poco paradisíaco de la existencia, y una nota sicológica característica, que es lo que yo llamo «el entusiasmo erótico». No es ninguna casualidad que la figura de don Juan sea andaluza, ni que haya nacido allí
35 el flamenco y esos bailes populares, tan bellos en su erotismo. Históricamente tienes que ver que es un pueblo muy viejo, por el que han pasado muchas civilizaciones, y por el que han entrado en España los
40 árabes. Yo recuerdo haberme preguntado en mi juventud si Granada era una ciudad cristiana o árabe, por la mezcla de culturas que hay allí aunque llegué a la conclusión de que era cristiana por su religiosidad.
45 – Bueno, al que no es andaluz, esta religiosidad a veces le parece un poco dudosa, por ejemplo, las procesiones de Semana Santa, ¿crees que son de verdad muy religiosas?
50 – Yo te puedo hablar de las de Granada, que son las que conozco mejor, y para referirme a un caso concreto. Pero ya te he dicho que Andalucía es amplia, y hay zonas más paganas y otras más místicas. Pero el gra-
55 nadino, concretamente, es muy religioso, es un místico, pero aparte de esto tenemos el sentido del espectáculo y somos muy

amantes de la naturaleza. Por eso se buscan unos escenarios naturales para las procesiones, y los hay preciosos, como la Alhambra o el Sacromonte, y lo iluminan todo maravillosamente, y luego la gente participa en masa, total, que si quieres, todo esto tiene un aspecto pagano y tiene mucho de expresión del sentimiento popular, pero aparte de esto, la religión y las preguntas fundamentales de si existe Dios y demás, están presentes en el pueblo a todo nivel social. Te voy a contar una anécdota que lo confirma.

Cuando vivía en Granada me reunía frecuentemente a tomar una copa con unos amigos y a charlar. Uno de ellos, Gerardo Rosales, por cierto el hermano del escritor Luis Rosales, era muy charlatán, le gustaba mucho hablar, o sea le pasaba lo que a mí, que cuando se embalaba no había quién le parara, y por cierto hablaba de las cuestiones más serias, filosóficas, teológicas. Bueno, pues una vez vamos a pagar en un bar después de una de estas conversaciones, y nos dicen: «No, no, ya les han pagado aquí.» Y resulta que los que nos habían invitado eran unos obreros sentados al lado nuestro y le dijeron a mi amigo: «Aquí el que ha hablado es usted, y a nosotros nos gustaba muchísimo lo que estaba diciendo y tenemos mucho gusto en invitarle.» Y eso que había hablado de los problemas teológicos más profundos que te puedas imaginar . . .

92

Los toros

El toro se halla en el fondo de todas las religiones primitivas. A veces es el símbolo de la tierra, de la madre, y a veces se le considera el símbolo del cielo y del padre.

5 Los toros tienen una totémica presencia en la historia española y en nuestros primeros tiempos históricos. Se presentan también en las monedas antiguas. Una referencia parecen ser también los monumentos celtibéricos

10 al aire libre que se conocen con el nombre de toros y que aparecen siempre a pares. Los más famosos son los toros de Guisando.

Las ganaderías de toros no nacen hasta el siglo XVIII. La despoblación del campo espa-

15 ñol es, a finales del siglo XVII y a principios del XVIII, algo terrible. La constante emi-

gración a América y las guerras han ido vaciando literalmente a España. El ocio agrícola hace que inmensas extensiones de terreno permanezcan sin cultivar. Entonces la aristo- 20 cracia castellana y andaluza se dedica a la cría de reses bravas, en el mismo momento en que nace el toreo a pie. Hasta la llegada de los Borbones a España (en 1700) los toros habían sido solamente un deporte ecuestre 25 para distracción de la aristocracia. Pero los Borbones no gustan de estas fiestas y entonces el pueblo se apodera de la tremenda diversión. Y la aristocracia pasa de la actividad de matar toros en las plazas y las fiestas reales 30 al gusto de criarlos. Los aristócratas se convierten en ganaderos. Desde entonces el toro está presente en todas partes, desde la cerámica popular a los juguetes, desde las fiestas reales a los festejos pueblerinos. En la actua- 35 lidad existen más de doscientos cincuenta criadores de toros de lidia.

Néstor Luján, «Tauromaquia»

93
Jerez

Esto de Jerez es punto y aparte. Una cosa distinta. Otro planeta. El nombre de Jerez brilla desde la antigüedad como la luz de un faro mágico que atrajera las naves de Roma o
5 de Fenicia, de Grecia o de Cartago por el estrecho mar entonces conocido. Y es Marcial quien deja escrito en latín el primer piropo con firma de los muchos que poetas y literatos dedicarán más tarde al vino de Jerez.
10 Claro que el homenaje definitivo vendrá de William Shakespeare: «Si mil hijos tuviera, el primer principio humano que les enseñaría sería de abjurar de toda bebida insípida y dedicarse al vino de Jerez.» Y como si la autori-
15 dad shakespeariana fuese un mandato para los ingleses, el vino de Jerez navega hacia las costas británicas en un viaje que no se interrumpe con los siglos.

¿Qué hace a estos caldos distintos de tantos otros que se cosechan por el mundo? En pri- 20 mer lugar están la tierra y la uva. Luego, al lado de ese sol generoso y constante, está el airecillo que viene del mar. El aire del mar, la humedad del mar, manipulan sin tocarlo el vino de estas comarcas. 25

En Jerez se trabaja con el riesgo y el gozo de estar trabajando una materia viva, imprevisible. Pero es un hermoso trabajo. La recompensa es la alegría de los otros, de los desconocidos, lejanos y anónimos que beben una 30 copa de Jerez en cualquier rincón del mundo. En la Biblia, ya se dice una cosa muy importante que por aquí abajo (en Andalucía) se traduce de esta manera:

Dijo Salomón: 35

Da vino a los que tienen amargo el corazón.

Cayetano Luca de Tena en «ABC»

BEBER ES SUPERIOR AL COMER PORQUE MIENTRAS COMER ES UNA EXIGENCIA DEL CUERPO, BEBER ES UNA EXIGENCIA DEL ALMA...

el PERICH

94
La tierra y su distribución

Del total de la extensión de España, que comprende 50 millones de hectáreas, el 8% es improductiva, el 51% es superficie forestal y de pastos, y el restante 41% son tierras de
5 cultivo. Por tanto, un 92% de nuestras tierras son aprovechables en principio; el porcentaje indicado es parecido al de los demás países europeos aunque los rendimientos en los diversos aprovechamientos son muy inferiores.
10 Respecto a la distribución de la tierra por grupos de cultivo, dos rasgos caracterizan claramente a nuestra agricultura. El primero de ellos, la extraordinaria amplitud de la superficie dedicada al cultivo de cereales, el se-
15 gundo, la gran extensión que ocupan los cultivos del olivo y la vid. Los cereales, el aceite y el vino son, por consecuencia, los tres productos principales de nuestro secano, y el secano es la parte cuantitativamente más im-
20 portante de nuestra agricultura.

Según Ramón Tamames, «Introducción a la economía española»

95
Doña Rosita la Soltera

Hace muchos años, Doña Rosita tuvo un novio que se fue de Granada y la dejó. Doña Rosita se quedó soltera. En la siguiente escena habla con su tía de su amor nunca olvidado y de su vida sin esperanzas. 5

Rosita
. . . Cada año que pasaba era como una prenda íntima que arrancaran de mi cuerpo. Y hoy se casa una amiga y otra y otra, y mañana tiene un hijo y crece, y viene a enseñar- 10
me sus notas de examen, y hacen casas nuevas y canciones nuevas, y yo igual, con el mismo temblor, igual; yo, lo mismo que antes, cortando el mismo clavel, viendo las mismas nubes; y un día bajo al paseo y me doy cuenta 15
de que no conozco a nadie; muchachas y muchachos me dejan atrás porque me canso, y uno dice: «Ahí está la solterona»; y otro, hermoso, con la cabeza rizada, que comenta: «A ésa ya no hay quien le clave el diente.» Y yo 20
lo oigo y no puedo gritar, sino vamos adelante, con la boca llena de veneno y con unas ganas enormes de huir, de quitarme los zapatos, de descansar y no moverme más, nunca, de mi rincón. 25

Tía
¡Hija! ¡Rosita!

Rosita
Ya soy vieja. Ayer le oí decir al Ama que todavía podría yo casarme. De ningún modo. 30
No lo pienses. Ya perdí la esperanza de hacerlo con quien quise con toda mi sangre, con quien quise y . . . con quien quiero. Todo está acabado . . . y, sin embargo, con toda la ilusión perdida, me acuesto, y me levanto 35

con el más terrible de los sentimientos, que es el sentimiento de tener la esperanza muerta. Quiero huir, quiero no ver, quiero quedarme serena, vacía . . . (¿es que no tiene derecho
40 una pobre mujer a respirar con libertad?) Y sin embargo la esperanza me persigue, me ronda, me muerde; como un lobo moribundo que apretase sus dientes por última vez.

Tía
45 ¿Por qué no me hiciste caso? ¿Por qué no te casaste con otro?

Rosita
Estaba atada, y además, ¿qué hombre vino a esta casa sincero para procurarse mi cariño?
50 Ninguno.

Tía
Tú no les hacías ningún caso . . .

Rosita
Yo he sido siempre seria.

Federico García Lorca (1898–1936), «Doña Rosita la Soltera, o el lenguaje de las flores»

96
Opiniones sobre la mujer...

«Estos discursos contra las mujeres son de hombres superficiales. Ven que, por lo común, no saben sino aquellos oficios caseros a que están destinadas y por ello piensan que
5 no son capaces de otra cosa . . . Y lo más gracioso es que han gritado tanto sobre que las mujeres son de cortísimo alcance, que a muchas, si no a las más, se lo han hecho creer . . .

Casi todas las mujeres que se han dedicado a 10 las letras, lograron en ellas considerables ventajas; siendo así que entre los hombres apenas de ciento que siguen los estudios salen tres o cuatro verdaderamente sabios. Mi voto, pues, es que no hay desigualdad en las 15 capacidades de uno y otro sexo . . .

Si la mujer está en el error de que el hombre es de sexo mucho más noble, y que ella, por el suyo, es un animalejo imperfecto de bajo precio, no tendrá por oprobio el rendir- 20 se . . . Conozca, pues, la mujer su dignidad.»

Fray Benito Jerónimo Feijóo, en «Cartas eruditas». Fray B. J. Feijóo, 1676–1764, nació en Casdemiro, Galicia. Fue benedicti- 25 no, filósofo, teólogo.

Y siglos después:

«La mujer, igualada en derechos, y por tanto, en deberes y responsabilidades al hombre, deja de ser mujer para convertirse en un 30 ente patológico, y no habría poeta ni artista que pudiera recibir inspiración de ser tan extraño.»

José María Barroso, «Discurso de la fe y de la política», 1969 35

«En la educación juvenil de la mujer es un error educar a las mujeres igual que a los hombres. Yo soy contrario a la coeducación. La preparación que deben recibir para la vida es radical y fundamentalmente distinta: una 40 formación encaminada no a hacer de ella un buen ciudadano, sino una buena esposa y una buena madre de familia o, si se queda soltera, un ser útil a sus semejantes.»

José Botella Llusiá, ex rector de la universi- 45 dad de Madrid, «La mujer en la familia moderna», Madrid 1970

unidad 20

97

La leyenda de El Dorado

Venezuela fue el asiento de una de las más grandes ilusiones de riqueza que ha sacudido el sueño de los hombres de todos los siglos: fue el ámbito del alucinante y maravilloso El
5 Dorado.
La leyenda de El Dorado nació poco después de la conquista. Tomó forma de un modo confuso, probablemente en una conversación del conquistador Sebastián de Belalcá-
10 zar, y se convirtió muy pronto en la idea de un reino donde había las más abundantes riquezas del mundo, con ídolos inmensos de oro macizo, calles empedradas de oro, donde entre torres y muros de oro los niños jugaban
15 con metales preciosos y pedrerías y donde el rey, todas las mañanas, se cubría de una recina olorosa, y sobre ella, en lugar de traje, le espolvoreaban polvo de oro, de modo que aparecía a la luz del sol como una estatua viva
20 de oro reluciente.
No nos debe extrañar que hombres de acción pudieran creer en la existencia de esa ciudad fantástica, porque en la conquista de México y del Perú, habían encontrado oro y extraor-
25 dinarias riquezas, y porque habían visto grandes ciudades, con templos gigantescos, torres y vastas plazas, como Tenochtitlán y el Cuzco, y cosas tan extraordinarias como los inmensos ríos, y las gigantescas cordilleras de
30 América.
Hasta llegaron a creer, como lo revela la ingenua imaginación de los ilustradores de la época, que había amazonas, mujeres guerreras como las que cuentan los mitos griegos.
35 De esta creencia nació precisamente el nombre del río «de las Amazonas». No era,

por lo tanto, sorprendente que confiaran en que iban a encontrar una ciudad más rica que la capital de Moctezuma o de Atahualpa, donde todo sería de oro.
40 Vino a ser mucho más tarde, en el siglo XIX, cuando vino a descubrirse oro positivamente en las riberas del Orinoco, y hace apenas treinta años que la inmensa riqueza del petróleo convirtió en realidad el viejo sueño de
45 aquella riqueza inagotable que era el Dorado para el mundo entero por muchos siglos.

Arturo Uslar Pietri, venezolano, «Valores humanos»

98

Algunas nociones sobre Venezuela

Venezuela es uno de los países más ricos, más dotados por la naturaleza, en cuanto a la disponibilidad de objetos de trabajo. Posee petróleo, gas, hierro; ríos inmensos, costas marítimas; suelo, flora y fauna variados; en fin, todo tipo de materia prima para la producción. Es este patrimonio físico, el patrimonio natural del país, que no hemos sabido aprovechar eficiente y racionalmente. El problema consiste en los recursos naturales
10 no renovables, como por ejemplo, el petróleo y el hierro. Cada día esta riqueza nuestra es expoliada por los consorcios extranjeros. ¿Y qué nos depara el futuro? ¿Hasta cuándo durará esta inagotabilidad de nuestro subsuelo?
En cuanto a medios de trabajo, nuestro país ya tiene consolidada una base como punto de partida. Imagínense: tenemos tierras, bos-

Una de las zonas turísticas más interesantes de Venezuela:
los saltos de Hacha en Canaima

ques, caídas de aguas, inmensas montañas, vías naturales de comunicación, instalaciones petroleras e industriales, electricidad, plantaciones agrícolas y ganaderas, edificios, máquinas, equipos, etc. . . . Igual que los recursos naturales no renovables, estos bienes de la nación deben reproducirse constantemente a un ritmo determinado. No sucede así. Esto significa un serio déficit para el avance económico en el futuro.

La forma de propiedad sobre los medios de producción − que es la primera cuestión fundamental − es privada. La tierra cultivable pertenece a particulares. Está planteada una reforma agraria campesina radical, que libre realmente las fuerzas productivas del campo venezolano. Lo mismo podemos decir de las instalaciones petroleras que pertenecen a compañías extranjeras, principalmente norteamericanas. En este caso el desenvolvimiento del país exige la nacionalización del petróleo.

En conclusión, somos un país explotado, dominado y con economía deformada. No comparto el término tan en boga de «país subdesarrollado». Entiendo que Venezuela es el típico país neocolonial. Mi opinión personal es que Venezuela es el modelo neocolonial por excelencia del siglo XX.

J. R. Núñez Tenorio, «Venezuela y la revolución socialista»

99

Llegó la Navidad

Como sucede todos los años, esta vez también llegó la Navidad. La pasé como he pasado casi todas las Navidades de mi vida; durmiendo de lo más tranquilo. Había estado con personas conocidas durante todo el día, pero llegó la hora, como llega siempre, en que cada quien tiene algo que hacer, irse a la fiesta a la que está invitado; yo no estoy invitado a ninguna; también tengo algo que hacer, como todos, pero no tengo con quién; entonces no hago un carajo, me quedo por ahí dando vueltas y me voy a pasar mi Navidad de lo más tranquilo, en mi catre, durmiendo. Seguramente el pobre Eduardo tampoco tiene nada que hacer, podría ir a verle, pero ¿para qué?

Es verdad que no tengo ningún afecto por la Navidad, lo que siempre he amado mucho son los caballos; desde muy pequeñito quise tener uno y pasearme montado en él por los bosques y no podía conformarme, por eso, con el burro que *Mein Vater* me regaló.

Por las Navidades me visitaba el Niño Jesús. Yo sabía bien que era mi madre quien depositaba al pie de mi cama o debajo de mi chinchorro los regalos que le había pedido al hijo de Dios y sabía también que mi madre estaría poco dispuesta a poner un caballo debajo de mi chinchorro; pero el Niño Jesús sí que habría podido ponérmelo, siendo el hijo de Dios y Dios mismo, como decía la maestra; por eso le escribí aquella carta en lugar, ese año, de decirle a mi madre lo que quería y se la di a Faustino para que la echara al correo. A mi madre le dije que dejaba la escogencia de mis regalos de ese año al arbitrio del Niño Jesús, que me trajera lo que creyera más conveniente para mí o que tuviera más placer en regalarme. Cuando amaneció aquel 25 de diciembre y yo desperté de mi sueño, encontré bajo mi chinchorro, no mi caballo, sino un pequeño diccionario de bolsillo de la lengua castellana. Desde ese día la Navidad no existe.

Pero la obsesión del caballo no me dejaba en paz. Cuando la maestra habló en la clase de religión de los milagros, concebí una esperanza y me puse a rezar como un desesperado, todos los días, todas las noches y las monedillas que mi madre me daba las gastaba comprando velas para encenderlas en honor de los santos. Claro, entonces yo no sabía la existencia de San Cayetanito y no le invocaba y tal vez haya sido por eso que el milagro no se produjo; pero decía la maestra que era la fe la que producía los milagros y si aquella confianza que yo sentía de que tendría mi caballo no era fe *¿qué carajo era entonces? ¿qué coño era?*

Todas mis Navidades las paso durmiendo, la fiesta de Navidad no significa nada para mí, tal vez si yo hubiera podido alguna vez, cuando niño, tener mi caballo, habría tenido siempre ánimo para celebrarlas en vez de echarme en mi cama y dormir y soñar y a lo mejor ni estuviera aquí, lejos de todo, arrastrado por estas turbias aguas del río, entre las piedras y los troncos muertos y los detritus de las ciudades, rumbo al mar.

Renato Rodríguez, venezolano, «Al sur del Equanil»

▲ *El monumento a Bolívar en Caracas*
◄ *Caracas es una ciudad moderna, con magníficos edificios y jardines.*

Carnavalito

Cholito toca y retoca
toca el tambor y la quena,
bebe pisco, masca coca,
que esta noche es nochebuena.

Carpintea, muy contento
carpintea San José,
porque está haciendo la cuna
al niño que va a nacer.

Un cholito está llorando
con un llanto muy sentido,
porque el niñito Jesús
en el Perú no ha nacido.

Indice alfabético de vocabulario

Los números se refieren a los textos. En algunos casos nos referimos a palabras contenidas en los ejercicios de **Temas − Ejercicios y Gramática,** p. ej.: 13 (Ej. 8) = ejercicio 8 relacionado con el texto 13. Presentamos **en negrilla** tanto el vocabulario del «Certificado VHS» como una serie de palabras que consideramos importantes para el estudiante.

terreno 24
terrible 43
terror 39
terrorista 68
tesoro 17
testigo 26
testimonio 6
textil 25
tierno 51
tierra 5
timbre 60
tímido 46
tinta 26
tintero 26
tintorero 25
tío, tía 26
tirada 11
tiranía 76
tirar
   tirar para arriba 10
tiro 35
título 88
tocadiscos 20 (Ej. 10)
tocar 86, 93
toldo 28
tolerancia 38
tolerante 38
   intolerante 38
tontería 22
tonto 23
tópico 84
torcer 63
toreo 92
tornar a 59
toro 92
torrencial 15
tortura 36
torturar 32
tostada 4
tostado 4
trabalenguas 62
tradición 25
tradicional 23
traducción 83
traducir 93
tragar 80
trágico 89
trago 26
traición 17
traicionar 80
traidor 88
transcurrir 59
transformación 15
transporte 2
transportable 70

trasladarse 29
trasmano 84
trasnochar 44
tratar 22
tratarse 16
tratarse de 20
trato 85
travesía 28
trébol 56
tremendo 81
trepanación 6
tribu 28
Tribunal Supremo 1
tripas 50
tripulación 17
tronar 60
tronco 99
tropical 28
trópico 87
trozo 49
truco 44
turbio 99
turismo 70
turista 70
turístico 28
Turquía 48

U

u 46
últimamente 12
único 39
unidad 7
unificador 7
uniformado 35
unión 14
unir 9
universal 5
universalidad 9
universidad 11
universitario 58
uno
   unos cuantos 19
   se despierta uno 39
   unos con otros 24
urbano 2
urgencia 88
urgente 88
usar 25
uso 7
útil 82
utilizar 17
utopia 89
uva 74

V

vaciar 92
vago 5
vaho 26
vaivén 44
valeroso 25
valer 28
   valerse por sí mismo 22
valioso 74
valor 6, 19
valorar 33
valle 6
vamos 20, 29
vanidoso 39
vano
   en vano 7
vaporoso 28
variante dialectal 48
variar 14
variedad 3
vasallo 27
vasco 3
Vascongadas 48
vascuence 48
vasto 28
vecino 84
vejez 13
vela 26
vena 50
vencedor 81
vencer 27
vendaval 67
veneno 95
venezolano 98
venida 26
venir + ger. 23
venta 29
ventaja 28
verbal 23
vergüenza 19
versión 44
vertiente 42
vestirse 25
veterano 76
vez
   a veces 1
   a la vez 17
   en vez de 82
   de vez en cuando 1
   una vez a la semana 20
   por primera/última vez 95
   tal vez 90, 99
vía 28

   por vía férrea 24
   por vía aérea 24
vicisitudes 44
víctima 44
vicuña 73
vid 47
vida
   en la vida 29
vigente 87
villano 44
vinagre 3 (Ej. 9)
vínculo 33
violación 33
violencia 43
violento 82
virgen 24
vista
   a la vista de 14
   a primera vista 28
   en vista de 23
visto
   está mal visto 46
vital 28
vitivinícola 94
vitivinicultura 94
vivienda 2
vivo 13
vizcaíno 5
volar 68
volumen 94
voluntad 38
voluntario 27
   involuntario 27
volver a ver 7
vómito 7
votar 37
voz 33
vuelta
   dar vueltas por 7

Y

ya sea . . . o 24
. . . y demás 91
. . . y eso 20
y eso que 1
y todo 20

Z

zambo 26
zona 28

Quellenverzeichnis

Texte

Text 3: © Alianza Editorial, Madrid
Text 5: © Arturo Uslar Pietri
Text 6: © Siglo Veintiuno de España Editores, Madrid
Text 7: © Taurus Ediciones, Madrid
Text 16: © Carlos Fuentes 1978
Text 23: © Ediciones Destino, Barcelona
Text 31: © Argos Vergara, Barcelona
Text 35: © Gabriel García Márquez 1973
Text 39: © Altalena Editores, Madrid
Text 41: © Editorial Ramón Sopena, Barcelona
Text 44: © Gabriel García Márquez 1967
Text 47: D'après guide du pneu Michelin España
Text 49: © Alianza Editorial, Madrid
Text 50: © Ediciones Destino, Barcelona
Text 53 und 54: © Editorial Ramón Sopena, Barcelona
Text 65 und 66: © Editorial A. Bello, Santiago de Chile

Text 72: © Unión Musical Española, Madrid
Text 73: © Editorial Ramón Sopena, Barcelona
Text 74: © Siglo Veintiuno de España Editores, Madrid
Text 80: © Lidia Falcón O'Neill (Editorial Pomaire, Barcelona)
Text 81: © Fernando Vizcaíno Casas
Text 84: © Ediciones Destino, Barcelona
Text 85: © Editorial Ramón Sopena, Barcelona
Text 87: © Rosa M. Cabrera
Text 88: © Siglo Veintiuno de España Editores, Madrid
Text 90: © Gabriel García Márquez
Text 92: © Ediciones Turner, Madrid
Text 94: © Alianza Editorial, Madrid
Text 95: © Aguilar S.A. de Ediciones, Barcelona
Text 97: © Arturo Uslar Pietri
Text 99: © Alianza Editorial, Madrid

Illustrationen

S. 7: Foto-present, Essen − *S. 8:* L. Magán/Cover Foto, Madrid − *S. 9:* D. J. Perich, Barcelona − *S. 11:* Q. Llenas/Cover Foto, Madrid − *S. 13, 14:* aus „Historia Universal de las Exploraciones II" − *S. 15:* Kodex von Tudela, Museo de América, Madrid − *S. 18/19:* Agencia EFE, Madrid und Suhrkamp Verlag, Frankfurt *(C. Fuentes)* − *S. 21:* S. Casals/Cover Foto, Madrid − *S. 22:* J. Q. Solsona, Madrid − *S. 26, 27:* D. J. Perich, Barcelona − *S. 28:* A. Navarro; R. Deben/Cover Foto, Madrid − *S. 29:* The Image Bank/J. Schmidt − *S. 30, 31:* H. U. Comberg, Heidelberg − *S. 33:* aus „Historia Universal de las Exploraciones II" − *S. 34/35:* März-Foto H. von Claer, Berlin − *S. 36:* aus „Historia Universal de las Exploraciones II" − *S. 37:* Cover Foto, Madrid − *S. 38:* Radtke/Foto-present, Essen − *S. 39:* J. Q. Solsona, Madrid − *S. 40:* C. Romeu, Barcelona − *S. 44:* L. Magán/Cover Foto, Madrid − *S. 45:* A. Bornheimer, Neukeferloh − *S. 46/47, 48:* Photo Alain Mahuzier, „L'Art Précolombien", Editions d'Art Lucien Mazenod, Paris − *S. 50/51:* aus „Historia Universal de las Exploraciones II" − *S. 53:* R. Villagraz/Cover Foto, Madrid − *S. 54:* Moosbrugger/Foto-present, Essen − *S. 55:* D. J. Perich, Barcelona − *S. 56:* Suhrkamp Verlag, Frankfurt − *S. 57, 58:* Süddeutscher Verlag, München − *S. 60 oben:* KNA-Bild, Frankfurt − *S. 60 unten, 61 oben:* J. Klingshirn-Köhler, München − *S. 61 unten:* R. J. Suhrmann, Bad Oldesloe − *S. 62/63:* KNA-Bild, Frankfurt − *S. 64:* J. Klingshirn-Köhler, München − *S. 65, 66:* S. Casals; L. Magán/Cover Foto, Madrid − *S. 67:* R. Steiger, Germering − *S. 68, 69:* S. Casals; J. Socias/Cover Foto, Madrid − *S. 71:* E. Stiefenhofer, Ismaning − *S. 73:* Süddeutscher Verlag, München − *S. 75:* Agencia EFE, Madrid − *S. 77:* X. Lobato/Cover Foto, Madrid − *S. 78:* Bildagentur Mauritius, Mittenwald − *S. 79, 80:* X. Lobato/Cover Foto, Madrid − *S. 84:* R. Steiger, Germering − *S. 85:* I. de Avellán, München − *S. 86, 87:* Quipos s.r.l., Mailand − *S. 90 oben:* I. de Avellán, München − *S. 90 unten, 91:* R. J. Suhrmann, Bad Oldesloe − *S. 93:* Herzog/Foto-present, Essen − *S. 94:* L. Magán/Cover Foto, Madrid − *S. 96:* C. Romeu, Barcelona − *S. 99:* K. Krall, München − *S. 100:* Agencia EFE, Madrid − *S. 103:* K. Krall, München − *S. 105:* ZEFA, Düsseldorf − *S. 106:* A. Firro/Cover Foto, Madrid − *S. 107:* Picasso „Guernica", Museo del Prado, Madrid − *S. 111, 113:* B. Klemm, Frankfurt − *S. 114:* Interfoto, München − *S. 115:* Konsulat von Mexico, München − *S. 116/117:* B. Klemm, Frankfurt − *S. 119* (1, 3, 4): J. Klingshirn-Köhler, München − *S. 119* (2): H. Ziegenhardt, München − *S. 120:* J. Klingshirn-Köhler, München − *S. 121:* L. Magán/Cover Foto, Madrid − *S. 122:* Süddeutscher Verlag, München − *S. 124/125:* A. Mingote, Madrid − *S. 129:* B. Klemm, Frankfurt − *S. 131:* Serie de Mestizajes, Museo de América, Madrid − *S. 132, 133, 134, 135, 136, 137:* K. Rose, Iserlohn − *S. 139:* R. Steiger, Germering − *S. 140:* J. Q. Solsona, Madrid − *S. 141:* F. Herraez/Cover Foto, Madrid − *S. 143:* Agencia EFE, Madrid − *S. 144:* S. J. Perich, Barcelona − *S. 145:* Velázquez „Dame mit Fächer"; reproduced by permission of the Trustees; The Wallace Collection, London − *S. 147:* Foto dpa − *S. 149:* H. Zwetz, München − *S. 150:* Botschaft von Venezuela, Bonn − *S. 152:* A. Bornheimer, Neukeferloh.